[**10**] BIBLIOTECA
ELÍAS
PINO
ITURRIETA

Edición exclusiva impresa bajo demanda por CreateSpace, Charleston SC.

© **Elías Pino Iturrieta, 1992**
© **Alfa Digital, 2017**

Reservados todos los derechos. Queda rigurosamente prohibida, sin autorización escrita de los titulares del Copyright, bajo las sanciones establecidas en las leyes, la reproducción parcial o total de esta obra por cualquier medio o procedimiento, incluidos la reprografía y el tratamiento informático.

Editorial Alfa
Apartado postal 50304. Caracas 1050, Venezuela
e-mail: contacto@editorial-alfa.com
www.editorial-alfa.com

ISBN: 978-84-17014-48-3

Diseño de colección
Ulises Milla Lacurcia

Diagramación
Sara Núñez Casanova

Corrección
Ross Mary Gonzatti

Fotografía de solapa
Efrén Hernández

Imagen de portada
Escena callejera. Caracas, 1916
Publishers Photo Service
© Archivo Fotografía Urbana.

Printed by CreateSpace, An Amazon.com Company

Elías Pino Iturrieta

Venezuela metida en cintura
(1900-1945)

Índice

Un librito trajinado 7
Preámbulo 9
1. Así no era cuando Andrade... 11
2. Otro hombre fuerte 15
3. Los primeros golpes 21
4. Socios disparejos... 25
5. Ahora las viejas potencias...29
6. Milagros del nuevo César 33
7. ¿Comienza el nacionalismo? 35
8. La dictadura corrompida 39
9. Permanencias y cambios 43
10. Juan Vicente Gómez... 45
11. Otra Venezuela... 51
12. Antes del petróleo.. 53
13. Administración bicéfala 57
14. Los hombres fuertes... 61
15. El dueño de los secretos 63
16. Razones para el loquero 67
17. Control severo y cruel 71
18. Mudanza de la vida 75
19. Los vaivenes del clan.. 79
20. Los líderes del futuro 83
21. El trapiche monolítico.. 87
22. Los partidos nuevos 91

23. Muerte en la cama 93
24. López el tintorero 95
25. Movimientos 99
26. Nuevas formas de control 103
27. Otras voces 107
28. La modernización 109
29. Selección en capilla 113
30. El gobierno de los notables 117
31. Libertad para los partidos 119
32. Juego nuevo 125
33. El pecado original 129
34. La candidatura loca 131
35. Dos temas del futuro 133
Epílogo con pregunta 135
Bibliografía básica 139

Un librito trajinado

La primera edición de *Venezuela metida en cintura* circuló en 1988, como parte de una serie denominada «Cinco repúblicas» que coordinó Manuel Rafael Rivero para los hermosos y útiles Cuadernos Lagoven, lamentablemente desaparecidos. Fue apenas la parte de un conjunto escrito por cinco autores –Manuel Rafael Rivero, Graciela Soriano de García Pelayo, Diego Bautista Urbaneja, Elías Pino Iturrieta y Luis Castro Leiva–, cada uno ocupado de los asuntos de su especialidad y de un período determinado que guardaba relación con los volúmenes que lo precedían o continuaban, sin entrar en explicaciones previas sobre los rasgos de sus contenidos. Cada cuaderno le abría camino al siguiente, o significaba la continuidad del anterior, en una trama simple que el coordinador describió en el principio de la publicación para evitar exigencias innecesarias del lector. Todos son textos pensados para leerse en conjunto, aunque también cumplen su función a solas. No se pidió a los autores el tratamiento exhaustivo de sus asuntos, sino solo un boceto capaz de resumir aquello que en esencia los pudo caracterizar. Pero se les sugirió, si era posible, el intento de unos análisis que se salieran de las explicaciones predominantes sin caer en extravagancias. *Venezuela metida en cintura* tuvo después dos nuevas ediciones, idénticas a la primera, en las prensas de la Universidad Católica Andrés Bello. Ahora circula gracias a la invitación de Editorial Alfa, con el añadido de dos breves fragmentos que anteceden al epílogo.

Preámbulo

La centralización es un rasgo dominante de la Venezuela contemporánea. Un solo núcleo, mayor y determinante, orquesta la vida de los ciudadanos. Alrededor de un selecto elenco giran los partidos políticos, el ejército profesional, la administración pública, los negocios de los particulares y la misma rutina de lo cotidiano. Aspectos tan diversos como la producción y distribución de la riqueza, las relaciones exteriores, el reparto de empleos, la composición de los cuerpos deliberantes, la escogencia de autoridades académicas, las condecoraciones y el color de los uniformes para los colegiales, por ejemplo, son dispuestos por un centro único que apenas ahora se comienza a discutir. Desde la ciudad capital se redacta una cartilla sobre lo sagrado y lo profano que puede juntarse a ciertas especificidades regionales, o al interés de algunos sectores, si no colide con las líneas impuestas por la cúpula. Así es hoy Venezuela, pero antes no lo era. Más bien fue lo contrario, hasta comienzos del siglo xx.

El país se hace distinto, como lo conocemos y lo sentimos en nuestros días, cuando culmina una disgregación secular que se origina en la Independencia y se profundiza después de 1830, a la hora de segregarnos de Colombia. Las batallas de la emancipación y los conflictos civiles del primer Estado nacional quebrantan los usos céntricos de la colonia. Entonces la república se fracciona. La ausencia de recursos materiales no permite a un solo jefe, ni a un solo partido, ni a un solo puñado de notables, establecer las reglas del juego. Los gobiernos pretenden imponer una suerte de manual de conducta común, pero sus propuestas permanecen en el papel. Amparados en la endeblez del Ejecutivo, en lo imprevisible de las cosechas y en el divorcio que caracteriza a la geografía rural de la época, los caudillos locales protagonizan el desconcierto, la falta de homogeneidad.

Hoy Venezuela es la antípoda, gracias a la modificación del rompecabezas decimonónico. En consecuencia, lo contemporáneo, es decir, la reunión de los signos que nos hacen peculiares en relación con lapsos precedentes, surge cuando las individualidades y banderías tradicionales reciben un golpe enfático. El golpe no solo le hace sangre a los capitanes del pasado, sino que le abre un boquete a su versión de la política, a sus nociones de administración y economía, a su lectura del país y del universo. Pero no derrumba del todo la muralla. En lugar de una fractura terminal, produce una soldadura de lo antiguo con lo nuevo cuyo corolario es una sociedad llevada a la coherencia por el vigor avasallante de la autoridad central. Cien camisas de fuerza son reemplazadas por una sola, sin que en el interior de la colectividad ocurran los movimientos precisos para generar un cambio radical. De cómo esa autoridad se encumbra sobre los venezolanos, sin solución de continuidad en la fábrica de lo contemporáneo, trata este escrito.

1. Así no era cuando Andrade

El descompuesto gobierno de Ignacio Andrade, que a duras penas puede mantenerse entre febrero de 1898 y octubre de 1899, condensa un modelo de extrema fragilidad. A pesar de los esfuerzos desarrollados en el guzmanato, desde los tiempos de El Septenio, el poder todavía reposa en la zozobra de los nexos amicales y en la privanza de los hombres de presa. Convertidas las instituciones en simples formularios, inexistente la milicia nacional, la agricultura atrasada, con deudas la Hacienda, manchada la reputación del Partido Liberal, el único que puede manejar la situación es Joaquín Crespo, héroe de la Federación, varias veces ministro y designado dos veces primer magistrado, dueño de fincas y prudente administrador de compadrazgos. El Taita de la Guerra resume la ley y el orden, debido a las cargas de machete que produjeron pavores en la Revolución Legalista y a su habitual presencia en las componendas del Ilustre Americano. Crespo ha impuesto al presidente de turno, desconociendo la voluntad de los electores, pero no le alcanzan los días para protegerlo del enemigo alzado. Muere en las primeras escaramuzas de una nueva guerra civil, para que su pupilo y el régimen queden a la deriva.

El deceso del caudillo le alumbra fugazmente el camino a José Manuel Hernández, el Mocho, soldado de mala estrella y candidato derrotado en las elecciones de 1897. Ahora, sin la presencia del zambo gigantesco y con el apoyo de los curas pueblerinos cuya misión es combatir al liberalismo ateo, pretende ganar la primera epopeya de su vida. Le prende una insignia del Corazón de Jesús a la bandera de la revolución, con el objeto de derrocar al usurpador huérfano. Sin embargo, Andrade saca un rey de la manga. Encarga a Ramón Guerra, el Brujo, famoso adalid de buena cabeza para las batallas campesinas, que termine con el movimiento «godo». Antes de que logre el cometido, la guerra se extiende: Antonio Jelambi combate en Carabobo; Gregorio Riera, en Coro; Manuel Guzmán Álvarez, en Barcelona; Espíritu Santo Morales, Juan Araujo, Carlos Rangel Garbiras y Ventura Macabeo Maldonado, en los Andes; Zoilo Bello y Loreto Lima, en los corredores de Cojedes. Otra vez la fauna de los caciques organiza sus tropas particulares, para hacer fortuna en la volada. La convulsión dura unos cuatro meses. En cuanto Ramón Guerra logra derrotar a Hernández, con el auxilio del general Antonio Fernández, la calma reina entonces en la casa de gobierno.

Pasajera tranquilidad, no obstante. La paz deja pendiente un entuerto: ¿quién sucede al caudillo supremo? Andrade, desde luego, pretende agregar a los paramentos presidenciales la investidura de jefe del Partido Liberal, como el Taita fallecido. Buscando continuidad y fortaleza en el mandato promueve la reforma constitucional, cuyo anuncio alarma a las circunscripciones militares y produce la sublevación de Ramón Guerra, ocurrida en febrero de 1899. El primer magistrado y el Brujo quieren ocupar el lugar de Crespo, en un pugilato que conduce a la candela. Gracias al armamento moderno de Augusto Lutowski se le apuntala a Andrade el aporreado trono, pero los hombres de armas no se sienten bien representados por el individuo que lo sigue ocupando. Comienzan a conspirar en Caracas y a comunicarse con los exilados.

Mientras el gobierno se ocupa del conflicto intestino, cuyo seno se mantiene ardiendo por un debate sobre la reforma constitucional, aumentan las dificultades para obtener créditos en el extranjero. Nadie le quiere prestar a un país descabezado y moroso, a un país que solo tiene tiempo para matarse. En breve disminuyen los ingresos por concepto de aduanas y baja el precio del café. Además, sobreviene una epidemia de viruelas que el descontento carga al inventario del oficialismo. Reina, en suma, un desencanto evidente en relación con la conducta de la dirigencia. Se anhela un panorama diverso, la aparición de un fenómeno susceptible de provocar una mutación.

Las contingencias indican el agotamiento del ensayo intentado desde las postrimerías de la Guerra Federal. Ninguna figura de relieve entre los miembros de la clase política parece adecuada para manejar a una muchedumbre de reyezuelos campestres. Del Partido Liberal no surge el mensaje que toque la fibra de los venezolanos. Antes que una organización civil, es el tenderete de los más encontrados apetitos. A través de la prensa los publicistas se pierden en los vericuetos del personalismo menor, sin gastar las neuronas en un esquema capaz de referir los problemas en su médula. Poco espacio se le dedica, en las imprentas y en las oficinas de los ministerios, a la planificación del fomento material. El propio Ignacio Andrade, en una frase que comprime lo crítico del capítulo, dice a la sazón en el Congreso que Venezuela apenas está viviendo «minutos de República». Cualquiera puede, por consiguiente, pescar en río revuelto, a menos que una propuesta disímil genere un cambio a última hora, antes de que se paralice el reloj.

2. Otro hombre fuerte

Sin embargo, el desenlace viene atado a la peinilla de un hombre, antes que a la forja de un nuevo proyecto nacional. El movimiento que inicia otra estación en la historia de Venezuela, estación cardinal en la fábrica del puente hacia el centralismo redondo mediante el apabullamiento de las facciones y la adopción de actitudes flamantes en el manejo de lo doméstico, así como en el enfrentamiento del panorama internacional, carece de algún peculiar bagaje doctrinario o teórico. Aun de ideas que le sirvan de distintivo y le otorguen especificidad ante los fenómenos antecedentes. No se soluciona el caos por un planteo diferente, sino por la simple substitución de personalismos.

Al sistema individual de gobernar desde 1870, desgastado en tres décadas de negocios y escaramuzas hasta el extremo de llegar a la esterilidad, sin la alternativa de procrear un varón atrayente para las masas, lo reemplaza un autoritarismo vigoroso en cuya cima reside un principal ejemplar de gobernante, con clientela compacta e inédita, quien, si bien puede adeudar a su trayectoria y a su procedencia lo contundente del mando, o la introducción de estilos desconocidos en el palacio presidencial, no poco debe a la flaca presencia de sus rivales, los caudillos del siglo xix. Un almácigo de jefes en decadencia da paso a uno de sus semejantes, Cipriano Castro, quien es tan fuerte como para oficiar los funerales de la estirpe y, en procura de permanencia, anunciarse como prologuista de la dictadura plena, absoluta, cual jamás se había sentido en Venezuela.

Cipriano Castro es un político relativamente diverso. Lo que tiene de separado o de opuesto frente a sus émulos, le viene de su formación en un teatro distanciado de esa gramática parda que fue la legalidad después de la federación. Los Andes no viven a plenitud las guerras civiles. Más bien las resienten con intermitencia. Exceptuando a Juan Bautista Araujo, los soldados montañeses no figuran en el Estado Mayor de los ejércitos famosos. Pocos civiles han llegado a los ministerios y no han sonado como candidatos ni como designados. Los letrados deben conformarse con escribir en la prensa de las secciones, o con ejercer de folicularios en la publicación más ilustre del Gran Estado, cuyos ecos rara vez se sienten en Caracas. Los propietarios, prósperos en cuanto sus cosechas no sufren a menudo la rapiña de las montoneras, ni se hacen problemas para alimentar a los peones, pocas veces pueden relacionarse con los privilegios aclimatados en el guzmanato. Son una especie de «campesinos decentes» con pocas posibilidades de acceso a los salones de la gran sociedad. Hasta en materia de negocios deben tratar con los reinosos, o con las firmas alemanas que adquieren café en la frontera. Son insólitas sus diligencias con los mercaderes del centro. A lo sumo se vinculan a Maracaibo. Todos habitan un cascarón de bonanza material, en el cual se reitera la política nacional cuando las tiendas domésticas arreglan rencillas que obedecen a motivos parroquiales. Entonces se hacen liberales o godos, amarillos o colorados, gobierno u oposición. Los calificativos reflejan los partidarismos «centranos», pero responden a resortes fundamentalmente locales. Por ello algún remoquete, como el apellido de un gamonal, o ciertos apodos ligados a la toponimia, se le añaden al distintivo de las facciones. Existe, pues, una referencia hacia lo nacional, mas son fuertes en extremo las vivencias de lo próximo. Acaso por el aislamiento físico. Ellas determinan el predominio de los sectores y el repudio de las autoridades que usualmente impone el presidente de la República. A la vez, generan un sentimiento de dependencia y frustración. No son considerados pese a las bondades de la economía. Pese a su talento, a sus cualidades civiles y castrenses, son forasteros quienes los gobiernan.

Ya en 1888 comienza a hablarse en el Táchira de un partido ciprianista. Refleja el tal partido el prestigio que habíase forjado un joven nativo de Capacho, quien dejó el Seminario de Pamplona para hablar de política en la plaza del pueblo. Su lenguaje es el de los liberales de Santander, extremista y enfático, que hizo propio cuando cambió los libros de teología por los folletos de los Gólgotas. Una revuelta local ocurrida en 1886 lo señala como el más prometedor rival del gobiernero moralismo. Las gacetillas divulgan sus hazañas. Frecuenta entonces el despacho conservador del doctor y general Rangel Garbiras, a cuyo lado hace causa para ganar nuevas escaramuzas. Por eso accede a la presidencia de la Sección Táchira y, más tarde, a la comandancia de armas. Orador de discursos prolijos, habla con frecuencia en los actos cívicos y en las ceremonias de los cuarteles. Dice ser portavoz del liberalismo auténtico. En las elecciones de 1891, Cipriano Castro es electo diputado al Congreso Nacional.

De las tablas lugareñas accede al foro más encumbrado, pero no se contenta con ser uno más entre los parlamentarios. Habla con desenfado contra Guzmán, contra los ladrones del erario y contra Inglaterra que desea más territorios en el Esequibo. A poco frecuenta la casa de gobierno y visita los prostíbulos con el presidente. A Raimundo Andueza Palacio le queda corto el bienio y orquesta la reforma constitucional, para permanecer en el poder. El diputado Castro no solo lo apoya en el cuerpo deliberante, sino que también le ofrece tropas en caso de necesidad. Mientras la prensa habla del anduecismo alzado contra las instituciones, nuestro personaje descuella por su entusiasmo continuista. En breve debe cumplir el ofrecimiento, por el desarrollo de la Revolución Legalista que encabeza Crespo como reacción ante las manipulaciones del gobierno. Pierde Andueza la guerra, pero sale con bien el andino advenedizo. En San Cristóbal organiza contingentes frescos y marcha en triunfo hacia Trujillo. Derrota a Eliseo Araujo, heraldo de una blasonada parentela de caudillos, para llegar victorioso hasta Mérida. Allí se entera del derrumbe de una causa que ha guardado sin fracasar con las armas. El soldado que parte al exilio ya se ha labrado un liderazgo amplio, respetable, no solo en la cordillera.

Va a establecerse en una finca de la frontera cercana a Cúcuta, donde cría reses y estimula a los amigos políticos. El Táchira se llena entonces de comités castristas. Se imprimen periódicos que lo proponen como gobernador del estado y hasta lo sugieren como candidato presidencial. El exiliado, quien se muestra como limitado administrador de ganaderías y diligente redactor de correspondencia a los liberales de todo el país, vive un momento estelar. Ocurre lo contrario con los vencedores. El gobierno de Crespo es un desastre. La variopinta asociación de caudillos que lo secundó en la «Legalista» quiere cobrar el botín. Un verano fulminante pierde las cosechas. Campea el desempleo, mientras ocurren violentas manifestaciones en Caracas y los liberales se disputan la sucesión presidencial, sin atender a los requerimientos del pueblo muerto de hambre. Surge un alboroto de grandes proporciones en torno a un empréstito con la banca alemana que salpica a las altas esferas. Ante lo desolado del panorama se eleva la figura de José Manuel Hernández, el Mocho, un desconocido de la víspera en quien cifra sus esperanzas el descontento, especialmente en las ciudades. Ante el malestar de la cúpula liberal el presidente impone la candidatura de Ignacio Andrade, quien fracasa en la justa electoral frente a la postulación «goda» de Hernández, quien había inaugurado una campaña moderna en la cual copió consignas y banderines como los de los Estados Unidos. Es aclamado por el pueblo antes de las votaciones. Con gran escándalo las mañas del Taita tuercen el resultado. Va a gobernar el delfín sin más soportes que la voluntad del caudillo dominante.

Inquietudes, incoherencia, tumultos y desvergüenzas en Caracas, alrededor del poder. Cohesión en la montaña, alrededor de Cipriano Castro. Es la diferencia que se advierte cuando este anuncia, sin mayores explicaciones, la restauración del liberalismo a través de un plan dependiente de «nuevos hombres, nuevos ideales y nuevos procedimientos». Una simple fórmula cuyo objetivo es, únicamente, darle una bandera a la invasión de Venezuela ocurrida el 23 de mayo de 1899. Para entonces ya Crespo ha muerto y el país está pendiente de un nuevo jefe que no es capaz de producir la dirigencia tradicional en mengua. Gracias a tal mengua, susceptible de impedir un comando homogéneo y un movimiento razonable de los ejércitos oficiales, mejor dotados de hombres y armamento, Castro libra con fortuna los combates de Cordero, Tononó, Las Pilas, Parapara y Tovar, así como encuentros de mayor envergadura en El Zumbador y Nirgua. El 15 de septiembre de 1899 derrota en Tocuyito a un ejército de 4600 hombres, cuyos comandos dirigen las acciones sin comunicarse recíprocamente debido a viejas rencillas. Don Cipriano cuenta apenas con 1600 soldados, pero nadie discute sus órdenes transmitidas por una red de oficialidad leal. La coherencia da al traste con el desacoplamiento cuyo último cabecilla en el poder, Ignacio Andrade, traicionado a continuación por su vicepresidente y por el nuevo jefe de sus tropas, resigna la poca autoridad el 19 de octubre de 1899. Le dicen «el último tirano», mientras comienzan a calificar de «Siempre vencedor, jamás vencido» al paladín venido de los montes.

3. Los primeros golpes

Cuando Castro llega al gobierno, el país sigue dividido en multitud de parcelas que no le rinden obediencia al poder central. Todavía reinan los caciques en breves jurisdicciones de autarquía política, mientras que en ámbitos más dilatados ejercen el control los gamonales mayores y su descendencia, cuya relación con el Ejecutivo se produce cuando le sopla buena brisa a los señoríos lugareños. Si les conviene, aceptan de buen grado una preeminencia. O si lo deben hacer por fuerza. De lo contrario, dirigen el lance de la inestabilidad en espera de mejores dividendos. Para eso cuentan con los compadres y con los ahijados, con los prebendados y con los plumarios, con la peonada que ve en ellos amparo ante la indiferencia secular de los presidentes. Se apellidan Araujo y Baptista, en Trujillo; Riera y Colina, en Coro; Monagas, Velutini, Ducharne y Rolando en el oriente, por ejemplo. Han movido la vida de Venezuela desde 1860, más o menos, pero ahora, con el «Siempre vencedor, jamás vencido», les toca la de perder.

El inicial capítulo en el desastre del caudillismo es realizado por Castro en el campo de batalla durante el primer año de su gestión. Mediante el lúcido manejo de las hostilidades y la selección de los comandos adecuados para cada acontecimiento, los bate al menudeo sin inconvenientes. Primero se ocupa del Mocho Hernández, líder en ascenso, y ordena que lo encierren en el Castillo de San Carlos. En octubre de 1900 liquida un movimiento autonomista en Guayana, capitaneado por Nicolás Rolando.

A los dos meses derrota a Celestino Peraza en el llano. En febrero de 1901 el Ejército Restaurador acaba con el alzamiento de Pedro Julián Acosta, en oriente, para marchar luego hacia Carabobo tras Juan Pietri, fácil presa en el primer encontronazo. Ocurre en julio la invasión de Venezuela desde Colombia a través de la frontera tachirense, efectuada por Carlos Rangel Garbiras. Viene con 36 batallones oriundos del «reino», con buen pertrecho en fusiles e ideales conservadores, pero una nueva tribu de capitanes que dirige puntualmente el telégrafo presidencial lo detiene a sangre y fuego.

¿Qué novedades ocurren en estos pleitos madrugadores del siglo xx? Al lado del presidente, un repertorio de hombres de armas que poco habían participado en batallas y nunca en política grande ayudan en el entierro de tanto guapo alzado. Como nunca habían estado en el candelero, desconocen el secreto de las combinaciones antiguas y, por consiguiente, solo saben leer un manual de instrucciones. Como apenas están saliendo del cascarón, observan con suspicacia a los veteranos. Gómez, Pratos, Ramírez, Castros, Omañas, Colmenares, Cárdenas, Pachecos, Galavises, Olivares... son sus apellidos hasta entonces inéditos. Ahora constituyen un destinatario infalible de las disposiciones de un solo comando resumido en la persona del jefe de Estado, quien, así como los encauza en clave de Morse, los dota de recursos materiales. Lo que no tienen los rivales, precisamente, debido a que siguen dependiendo de la fragilidad de las alianzas con los semejantes que inspiran recelo, de la sorpresa sin planificación y de fortuitos auxilios económicos. Son la incertidumbre del siglo xix, ante los signos que anuncian otra época.

De cómo esos signos no traducen un episodio superficial, encontramos evidencias en los proyectos del gobierno sobre milicia nacional. En Venezuela no ha existido ejército, dice Castro en 1901, sino un cuartel de mala muerte entendido por la sociedad como correccional, como refugio de indeseables y como vínculo de aventureros. Por consiguiente, propone crear la carrera de las armas en cuya estación elemental aumenta el pie de la fuerza controlada por él mismo, compra nuevo parque para oficiales y tropa, mejora el rancho y el vestuario, funda una maestranza general e importa trenes y artillería de montaña. Más adelante anuncia la creación de una Escuela de Marina de Guerra, con arsenal y almirantazgo; y la futura construcción del edificio para la Academia Militar. En la cabeza del Restaurador las guerras no son incumbencia de los chopos de piedra, sino de una estructura capaz de mudanzas trascendentales.

Y la política no es sino un asunto de obediencia, cavila la misma cabeza que en enero de 1900 ordena la prisión de los banqueros, entre ellos don Manuel Antonio Matos, el hombre más rico de Venezuela, porque no quisieron prestarle un millón de bolívares para enfrentarse al caudillaje. Nadie había metido a la plutocracia en La Rotunda, ni había encontrado caudales mientras la directiva de los financistas sacaba cuentas en una ergástula. Tampoco puede la política continuar atada a la bandería amarilla, piensa al unísono. Mejor inventar un Partido Liberal Restaurador sin aportes doctrinarios, ni estatutarios, cuya misión es tener un solo núcleo, el presidente de la República, e impedir la descomposición del anduecismo, del crespismo y del andradismo. Una nueva noción de autoridad, traducida en una manera flamante de ejercicio, antes que en una distinta plataforma ideológica, se está implantando en el país. Más bien un nuevo autoritarismo cuyo advenimiento obedece, en buena medida, a la precariedad de los elementos en desplazamiento.

4. Socios disparejos

La coalición que en breve se opone al régimen parece formidable. Sin embargo, tiene un ala rota. Mueve por un lado la maniobra el capitalismo norteamericano, ingrediente foráneo en ascenso, pero la parvada que selecciona para realizar el viaje es el caudillismo, ingrediente deprimido del interior. Ambas piezas unifican recursos, es decir, dinero y hombres con el objeto de abatir a Castro, pero de adentro no pueden atender la solicitud. Están a punto de concluir un itinerario histórico cuando los gerentes de Estados Unidos apenas comienzan la trayectoria en el hemisferio. Demasiado vigoroso es el vuelo del imperialismo en sus orígenes, como para que lo sigan unos alicaídos caporales.

En 1883 la nación otorga a Horace Hamilton una concesión para explotar asfalto y betún en el lago de Guanoco. Dos años después la traspasa el titular a la New York and Bermudez Company, subsidiaria de la poderosa General Asphalt. No obstante, incumple los términos del acuerdo y, en 1887, cuatro venezolanos reclaman para sí los derechos después de fundar un modesto consorcio. Los norteamericanos pelean desde el 1900 por el contrato lacustre a través de los tribunales de Cumaná. Están aupados por el secretario de Estado de su gobierno, quien busca una sentencia grata a la Casa Blanca. En su empeño por hacerse de las materias primas y ante la carencia de soportes legales, los de la New York emprenden una ruta dolosa. Sobornan a dos jueces de la causa; escandalosa ocurrencia que provoca la ira de don Cipriano.

Saltándose la barrera formal de los poderes públicos se involucra en el juicio para amparar a los nacionales, ordenando a la judicatura una sentencia digna de su patriótica simpatía. Entonces los estadounidenses, sin asfalto ni betún, resuelven hacerle la guerra con el apoyo de los sectores descontentos, es decir, algunos de los banqueros que habían pagado cárcel y los capitanes que perdían la querencia. Le ofrecen 100 000 dólares a Manuel Antonio Matos, un barco y armas modernas, con el objeto de que dirija una sublevación. Asimismo, garantizan la complicidad del Gran Ferrocarril de Venezuela, empresa de intereses alemanes, y de los capitalistas franceses que controlan la Compañía del Cable Interoceánico. Así se forja la Revolución Libertadora.

Cerca de 14 000 hombres acuden al llamado del banquero que de pronto aparece como jefe de montoneras. A la altura de mayo de 1902, tres ejércitos procedentes de oriente, de occidente y de los llanos, están dispuestos a amalgamarse con don Manuel Antonio. Lo más granado del caudillismo se arropa en el estandarte libertador. Hombres de presa como Luciano Mendoza, Ramón Guerra, Domingo Monagas, Gregorio Riera, Nicolás Rolando, Juan Pablo Peñaloza, Antonio Fernández, Rafael Montilla, Pedro Ducharne, Zoilo Vidal y Luis Loreto Lima, avezados en el arte de las refriegas y famosos por su temeridad, conforman el estado mayor de una nutrida hueste. Para las comunicaciones cuentan con los franceses del cable, así como para el transporte con los germanos del tren. Si las cosas se complican, ya han llegado algunos acorazados a las bocas del Orinoco, como el inglés Alert, el francés Soucht, el alemán Gazehi y el norteamericano Cincinnati. Deben proteger los bienes y la vida de los súbditos, dicen. Sin embargo, pese a tanto aparataje, a tan abultado repertorio de generales, la Libertadora está condenada al fracaso.

El Restaurador cuenta con pocos caudillos y carece de cimientos internacionales, mas tiene el control de un equipo homogéneo. El ejército enemigo es una urdimbre de contradicciones que no puede atemperar un cambista. Por lo tanto, todos quieren ser jefes de su propia mesnada, todos quieren elaborar su propia estrategia como si estuvieran reinando en una hacienda y no se debieran a un designio común. La maraña de esas antinomias permite al gobierno recibir tres contingentes de los Andes y preparar atinadamente las operaciones que administra un puntual servidor montañés: el jefe del Ejército, general Juan Vicente Gómez. En definitiva, Castro escoge a la población de La Victoria como sitio para la batalla decisiva. Previamente revisa los detalles, construye fortificaciones y fiscaliza las posiciones en el mapa y en el campo. Durante un mes, octubre de 1902, pelea en las colinas y en las veredas próximas al poblado, se juega la vida como cualquiera de los soldados, hasta destrozar a los adversarios. En su mensaje de 1903 ante el Congreso, se ufana de haber vencido al caudillaje histórico, «muerto por mi propia mano».

Y por la del general Juan Vicente Gómez, a quien encarga la persecución de los enemigos en desbandada. En el cumplimiento de la encomienda, realiza primero una campaña exitosa en Coro y luego triunfa en Barquisimeto, para concluir con fortuna la misión en oriente y en Guayana. Figuras legendarias como Gregorio Riera, Juan Pablo Peñaloza, Jacinto Lara, J. M. Ortega Martínez y Nicolás Rolando, no pueden con el modesto oficial que los acosa. El 21 de julio de 1903 toma Ciudad Bolívar, acción que la propaganda del régimen presenta como una descomunal epopeya. Sin imaginarlo siquiera, está cerrado el ciclo de las guerras civiles, nada menos. Jubiloso, el Restaurador proclama a Gómez como «El Salvador del Salvador» y lo muestra al país como verdugo de la disgregación. En consecuencia, deja de ser un desconocido. Por la fidelidad a la causa y por sus sorpresivos laureles de guerrero, debe ser tomado en cuenta en el futuro. Por lo que importa al momento, su colaboración ha resultado trascendental en cuanto ha despejado el camino del gobierno para un control más expedito para el dominio de la política sin la cadena de engorros que traducía la existencia de los caudillos. En adelante serán sombras, comparsas, esperanzas fallidas. Apagado su influjo, va a cambiar la historia porque unos robustos montañeses acaban de enredar el primer mecate de jubón que constreñirá a la sociedad.

5. Ahora las viejas potencias

Así como en lo interno el predomino implica la destrucción de los mandos tradicionales, significa ante lo exterior impedir el avasallamiento por las naciones que hasta entonces han manipulado el mundo. A los caudillos se les ofende en el campo de batalla, mas ante las potencias se practica un acto de defensa cuyo resultado no puede ser el triunfo mediante el cotejo de recursos, sino el desplazamiento del conflicto por actos estentóreos, por desplantes extraordinarios. Una postura de esta naturaleza le produce más clientes al gobierno, pero también llama la atención del concierto internacional sobre la desigualdad del enfrentamiento. En especial siembra preocupaciones en el Departamento de Estado de los Estados Unidos, al cual conviene que los viejos mandones del universo empiecen a respetar su área de influencia. Los sucesos del bloqueo de Venezuela, por consiguiente, contribuyen a fortalecer la autoridad en gestación.

Desde el siglo XIX Venezuela vive cargada de deudas. Según el detalle presupuestario de 1901, le debe a la banca europea más de 120 millones de bolívares y más de 88 millones a los acreedores internos. Como consecuencia de las conflagraciones sucedidas a partir de la Legalista, carece de posibilidades de cancelación. Más bien necesita recurrir a nuevos préstamos. Sin embargo, los financistas, en especial los gerentes alemanes del Disconto, han perdido la paciencia y pretenden reclamar por la fuerza sus haberes. Los capitalistas de París, Londres y Roma, cansados de nuestra morosidad, comparten tal ánimo. La fragilidad fiscal del país, el desorden y la corrupción administrativos, la reducción del movimiento aduanero y una calamitosa baja en el precio del café, impiden el cumplimiento de los compromisos que los acreedores han resuelto arreglar por las malas.

Ante las amenazas, el canciller venezolano argumenta que solo la vía diplomática y el respeto de la legislación nacional son canales ajustados para solucionar el conflicto. En respuesta, los gobiernos de Alemania e Inglaterra, entre el 8 y 9 de diciembre de 1902, anuncian su unificación con el objeto de ventilar el asunto de manera compulsiva. Acto seguido, y antes de declararse oficialmente el bloqueo de las costas, el comandante de la flota aliada ordena a sus acorazados la captura de algunos lamentables bajeles que forman la «Armada» del país. Igualmente, manda el desembarco de sus infantes para protección de las personas de los cónsules. Entonces Italia se une a la coalición invasora junto con Francia, Bélgica y España. ¿Qué hace Cipriano Castro ante el hostigamiento? Enciende la llama del patriotismo mediante una emotiva alocución; organiza un desagravio a los símbolos patrios, expide un decreto de amnistía general y ordena la libertad del más ilustre de sus cautivos, el Mocho Hernández. También redacta una circular a la tropa en la cual dispone el acuartelamiento y el combate, en caso de necesidad. Bajo ningún respecto pretende rendirse ante los extranjeros, dice en reiteradas ocasiones. A través de publicistas asalariados en París, Madrid, Bruselas y Nueva York, le canta su verdad al mundo. Solo Argentina lo respalda a título oficial, con un documento doctrinario contra el cobro violento de acreencias a países pequeños. Sin embargo, el pueblo latinoamericano, la gente sencilla, le remite hermosas cartas de apoyo y pasea su efigie por las avenidas. Los más entusiastas lo comparan a Bolívar. ¡Viva la Doctrina Monroe!, gritan los caraqueños y los marabinos que se aproximan a las sedes diplomáticas de Estados Unidos con el objeto de obtener solidaridad. Solo que no son estos los vientos que amainan la tempestad. En la Casa Blanca se enteran de cómo Inglaterra pretende establecerse en las bocas del Orinoco, y de cómo los alemanes ya han escogido un playón en Margarita para construirse una base naval. Por intermedio de su embajador en Caracas, y a través de mensajes al Kaiser y al Foreign Office, presiona por el cese del bloqueo y se convierte en árbitro del entuerto. A la postre Venezuela cede ante los cobradores, pero no por la amenaza de los acorazados sino por la suscripción de unos protocolos que se firman en Washington.

El gobierno no se distingue por la claridad en la lectura del suceso. Piensa que el juego de las potencias solo amenaza a las repúblicas «intertropicales» y no a países como Argentina y Uruguay. No ve en los Estados Unidos un antagonista cuya presencia busca el predominio ante la escalada de los europeos. No elabora un discurso coherente ante las circunstancias, pensando a largo plazo. Pero obtiene beneficios inmediatos en lo tocante a política interna. Consolida la autoridad. La propaganda habla de unión ante Goliat y todos comparecen. No hay entonces partidos ni disidencia, sino un solo conglomerado con una cabeza indiscutible: Cipriano Castro. El pueblo lo aclama, ciertos caudillos escarmentados le ofrecen obediencia y los demás guardan obligado silencio. José Manuel Hernández, quien funge como líder del partido denominado «nacionalismo» y a quien adoran muchos acólitos desde los tiempos de Crespo, lo acompaña en aglomeraciones patrióticas. Está neutralizado. No hay moros en la costa.

6. Milagros del nuevo César

Hasta la corona de Inglaterra, hasta el Kaiser y los prestamistas del Disconto berlinés, han debido replegarse. Ciertamente no los tocaron las espuelas del gallo montañés, pero moderaron el estilo de las demandas. Cuando se marchan los navíos de guerra, cuyo alejamiento coincide con las desbandadas de los «libertadores», el gobierno puede mover con comodidad las piezas en su tablero. Nadie ofrece resistencia. Por lo tanto, Castro acumula un poderío sin precedentes. Entre principios de 1900 y principios de 1903 modifica las reglas de un juego que va a administrar en solitario. El sueño de Guzmán Blanco de reinar sin rivales comienza a materializarse.

Por lo menos cuatro sucesos concretos, posteriores todos a la culminación del bloqueo, apuntalan el poder del Restaurador. Primero, el desarrollo de un plan de desarme ciudadano. Procura el gobierno quitarle a la sociedad, pero especialmente a sus cabecillas, los hierros que la hacen levantisca: fusiles, escopetas, chopos, cuchillos, navajas, todo cuanto pueda ofender y alarmar. Aunque no logra completar la operación, puede hacerse de numerosos objetos bélicos que pone en buen recaudo. Segundo, el desarraigo, en sentido físico y geográfico, de aquellos caudillos menores que habían permanecido silenciosos, o tibios, o neutrales. A los de oriente les busca ubicación en occidente, les da empleo a los del sur en el norte, con el objeto de distanciarlos de la clientela, o hasta de la parentela, y del paisaje próximo en cuyos vericuetos solían encontrar resguardo. Tercero, el desarrollo de una atractiva campaña de publicidad a través de *El Constitucional*, periódico oficial. Se trata de una empresa pensada en sentido moderno y elaborada con las mejores técnicas, que multiplica la imagen y las hazañas del Restaurador, así como la censura de la oposición. Cuarto, la manipulación de las instituciones hasta llegar a la reforma constitucional, ocurrida en 1904. La modificación de la carta magna suspende abruptamente el período legal de gobierno para inaugurar uno nuevo, de seis años de duración con el mismo mandatario y con dos vicepresidentes fieles. El recientemente célebre Juan Vicente Gómez es el primero de ellos.

Entonces los empleados públicos adquieren, poco a poco, con cierta resistencia, el hábito de atender las solicitudes de Caracas. Desde un telégrafo reservado se fiscaliza en Miraflores la rutina de la milicia, cuyos comandos obedecen sin demasiada vacilación. Siguen campeando los celos en relación con el transmisor de las órdenes, pero en lo panorámico se respeta durante cinco años una autoridad mayor a cuyo calor impone su parecer un puñado de políticos y de uniformados. En medio de protestas sin trascendencia, se diluye el nacionalismo mochista y el partido amarillo acepta vivir en la casa de la Restauración. Generalmente la mayoría se acopla en silencio a la camisa de fuerza. ¿Por qué? Debido al prestigio militar del presidente, harto probado. Los elementos refractarios pueden toparse con su peinilla y con las armas modernas que ha comprado. Debido a la seguridad del acceso a las cárceles, más evidentes porque ahora las habitan los caudillos y hasta los ricos. Debido a los intereses materiales de quienes medran cerca de don Cipriano. Son capaces de cualquier exceso con el objeto de tener preferencia en el proceso de creación y distribución de la riqueza, cuya esencia no se modifica.

7. ¿Comienza el nacionalismo?

Si se examina el Código de Minas expedido en 1904, puede concluirse que resume una postura de resguardo de los intereses nacionales frente a los consorcios extranjeros y evidencia una opinión coherente sobre las ventajas que obtenía el capitalismo extranjero de la explotación de materias primas, en perjuicio de lo venezolano. Sus disposiciones uniforman los contratos, cuya orientación debe responder en lo adelante a líneas emanadas del Ejecutivo, y hacen obligatoria la dependencia del concesionario ante nuestros tribunales. Asimismo, establecen un aumento del pago de derechos al Tesoro a partir de un mínimo del 25 % neto de la explotación minera; y prohíben la injerencia de agentes diplomáticos en las querellas que pudiesen ocurrir entre la nación y los tenedores de concesiones. Si se compara este código con los complacientes convenios del guzmanato, lesivos de la soberanía cuán generosos con la contraparte, es evidente lo constructivo de la mutación.

Ya no se trata del menudeo de derechos con el objeto de producir utilidades desbordadas a los empresarios, sino de un texto cuyo fundamento es la defensa material de Venezuela, la dignificación de las leyes y de las autoridades. Son pocos, ciertamente, los testimonios de esta naturaleza en los cuales pueda repararse la existencia de un nacionalismo bien perfilado, o la existencia de profundidad en el examen del mercado nacional y de sus repercusiones en la economía de las comunidades periféricas. Apenas se abocetan ciertas ideas sueltas, sin sistema que les dé cuerpo.

A cambio de tales presupuestos, el gobierno se caracteriza por actitudes acaso superficiales, pero valientes y altivas, frente a determinados representantes del capitalismo foráneo. Concretamente frente a los monopolios aliados a la Libertadora. En mayo de 1904, por órgano del procurador general de la República, el gobierno inicia juicio contra la New York and Bermudez Company. La acusa de intromisión en la política nacional y solicita una indemnización de 50 millones de bolívares. El Departamento de Estado norteamericano amenaza con represalias por la «tropelía», y hasta propone un plan de invasión ante el presidente Theodore Roosevelt. Las amenazas no caen en suelo fértil, en cuanto Castro continúa en su empeño. Ordena una campaña publicitaria contra los yanquis, promueve la apología de los valores oriundos y termina con la nacionalización de la oficina del consorcio en Guanoco, frente a cuyas puertas enarbola la bandera tricolor. Son días de xenofobia y exagerada exaltación venezolanista, cual no había ocurrido antes. Todavía en 1908 pujan los estadounidenses por detener el procedimiento, sin resultados satisfactorios. Roosevelt califica a Castro de indeseable mono y termina rompiendo las relaciones diplomáticas. En 1905 le toca el turno a la Compañía del Cable Interoceánico que trasmitió los mensajes de Matos. El gobierno disuelve su contrato por intermedio de la Corte Federal, ordena el uso libre de las líneas costaneras y clausura el despacho principal del consorcio. Como es estentórea la protesta de París, los policías no permiten que el embajador de Francia regrese a su sede después de la visita a un vapor en La Guaira. La prensa mundial anuncia que el gobierno ofendido ha roto los nexos diplomáticos y consulares, hasta tanto no repare Venezuela el desaguisado. Para entonces ya Castro se ha embarcado en disputas menores con otros monopolios como la Compañía de Aguas de Caracas, la Orinoco Steamship y la Orinoco Shipping Company, cuyos haberes expropia.

No estamos ante el desarrollo de un nacionalismo profundo y orgánico, sino ante conductas sin raíz destinadas a la fugacidad. En todo caso, estos vaporones de la Restauración contrastan con la actitud medrosa de nuestros gobiernos en el siglo XIX, desde 1830. Durante unos cuatro años la sociedad ve a su heraldo levantarse contra poderes que nadie había osado siquiera perturbar, y lo acompaña en la transitoria cruzada. Hay entonces calor popular contra la intervención extranjera y aglomeraciones alrededor de un sentimiento nunca desarrollado sobre la patria. Se bosqueja, pues, una reacción que más adelante signará nuestra contemporaneidad.

8. La dictadura corrompida

En la expropiación de algunos monopolios no priva el amor a la patria sino la bolsa de los validos, quienes adquieren las acciones en baratura para cederle varias al presidente y comenzar un pingüe negocio. El detalle refleja el costado perverso del régimen. Cipriano Castro no cumple su promesa de llamar a nuevos hombres, ofrecimiento que podía entenderse como prólogo de un adecentamiento frente a la descomposición anterior. Ni siquiera cede posiciones de privilegio a los paisanos que lo acompañaron en la invasión de 1899. Con excepción de Juan Vicente Gómez, primer vicepresidente, y de contados parientes, relega a los montañeses a posiciones poco halagüeñas. En cambio acude a los políticos de antaño, mañosos y dóciles, y a un sector de liberales disolutos que conoció luego de la batalla de Tocuyito. Integran una camarilla llamada «El círculo valenciano», cuyo rol en la cúpula es medrar a costa del erario con negocios fraudulentos, o con robos descarados, y disfrutar en extremo los placeres. Por su influencia Castro se transforma en centro de un antro de disipación, en eje del pudrimiento y la peor cortesanía. Así como entre 1899 y 1904, lleno de obstáculos el escenario, fue artífice de una privanza temida y estable, ahora, libre el horizonte de escollos, es el impulsor del desgobierno. Carente de pensamiento que fortalezca la gestión política, le resulta fácil convertirse en un dictador absurdo.

Entonces protagoniza, junto con los valencianos, orgías en los burdeles, o hace rutinario el desflorar doncellas que le obsequian los aduladores. Ejecuta una calistenia sexual que poco a poco mina su salud. Consume *brandy* hasta perder el conocimiento. Recibe a los ministros en los billares o en el gabinete del masajista. Baila sin parar en los salones de la sociedad, o en sesiones privadas con artistas y buscones. En lugar de atender a los oficiales, o a los comerciantes y al alto clero, gasta el tiempo en tertulias con las bataclanas. Los músicos le componen valses y cuadrillas, los plumarios le redactan acrósticos, los áulicos le organizan triunfos, marchas y vendimias. Todo en su entorno es liviandad, retorcimiento, declive. Lentamente pierde las facultades físicas, así como la brillantez de la cabeza. No es extraño, por lo tanto, que actúe de manera estrafalaria. Al decir de los amigos de confianza, está tocado del cerebro.

En el apogeo de tan escabroso teatro resuelve intempestivamente abandonar la presidencia. Resigna el poder en Gómez, en abril de 1906, ante la sorpresa del país y el miedo de la camarilla. Se trata de una comedia, de un breve juego a la alternabilidad, pero delata las fisuras del gobierno. El episodio conduce a los sucesos de La Aclamación, especie de rogativa cívica por el retorno del líder. La promueven los valencianos y algún ministro con pretensiones de delfín cuyos privilegios peligran si un personaje ajeno y esquivo, como el vicepresidente, permanece en palacio. Un sector denominado «castrismo auténtico», que forman algunos familiares y gente de Capacho, comienza a preparar la arremetida contra los corruptos, con el objeto de inaugurar una Restauración depurada. Por último, los afectos al mandatario interino prefieren permanecer a la expectativa como pilares del gomecismo silencioso. Cuando vuelve el Aclamado, su heredad está dividida en tres parcelas.

El conocimiento de estas escisiones activa la conspiración en las islas del Caribe y hace que la prensa norteamericana impulse una nueva campaña contra el gobierno, cuya reputación vuelve a vapulear debido a un conflicto que estrena con la corona de Holanda. Los sucesos coinciden con una grave enfermedad del primer mandatario, cuya salud se recupera luego de una operación. Los Estados Unidos, al tanto de los detalles, buscan sigilosamente a Gómez con el objeto de ganarlo para un alzamiento. Tal posibilidad se concreta cuando Castro enferma otra vez de cuidado y debe partir hacia Alemania para someterse a una nueva intervención quirúrgica. Las circunstancias le aconsejan dejar transitoriamente en el poder al más fiel de sus lugartenientes, pero el reemplazante ya ha atendido la solicitación del Departamento de Estado. Después de la partida de su jefe provoca un golpe incruento, el 19 de diciembre de 1908.

9. Permanencias y cambios

Si nos atenemos al análisis de la economía, durante la Restauración no ocurren transformaciones de importancia. Continúa el predominio del monocultivo con equipo y laboreo arcaicos. Prevalece la inercia en materia de planificación, hasta el punto de no elaborarse ningún plan para distanciarnos de la banca foránea a través del fomento de nuevos recursos, o de negocios distintos bajo control de empresarios criollos. En lugar de estimular al larvario capitalismo, aumentan las limitaciones debido a la sistematización de los monopolios que ahora concede el gobierno sin atender a los intereses regionales. Un solo canal hace así circular legalmente la alternativa de negociar sin competencia en rubros como carne, sal, tabaco, cerillos, aguardiente, vidrios, ferrocarriles y navegación. Tampoco la sociedad se ve distinta en su composición, si cotejamos con el último lustro del siglo xix. Quizás se aprecien más organizados los comerciantes, pero los banqueros paralizan sus iniciativas. La nómina de los terratenientes es igual, con el agregado de algunos miembros andinos y valencianos. Persiste el desempleo de los artesanos, mientras el peonaje queda a la deriva, o cree estarlo por la minusvalía de los caudillos. No crecen las ciudades, aunque lucen retocadas por la construcción de algunos edificios públicos. Predomina la dejadez en materia educativa y de servicios. El mismo escenario, pues, con los mismos habitantes cuya única nueva vivencia es la entronización de un poder público de flamante cuño. Efectivamente, en el control de la colectividad a través de un tipo diverso de gobierno, sí ocurren mutaciones.

La dictadura de Cipriano Casto da el gran empellón contra las componendas que quebrantaron al país desde la finalización de la guerra larga. Es una gestión diferente a la de los militares y letrados del liberalismo tradicional, la cual prepara los cimientos para un tipo de régimen caracterizado por una fortaleza hasta entonces desconocida. Partiendo de un concluyente dominio militar, que por su lucidez y homogeneidad debe juzgarse como clave del fenómeno, libra al país de las alteraciones civiles. Merced a la posesión de una clientela obediente, da al traste con una manera de hacer la guerra y de concebir la política que ya venía desgarrándose en sí misma, hasta llegar por sus propios pecados al borde del abismo. La endeblez de los adversarios y las cualidades del elemento ascendente se conjugan para convertir a los partidos históricos en piezas absolutamente inocuas y a los antiguos protagonistas en dirigentes de poca categoría. En consecuencia, se produce una mejor fiscalización de la burocracia desde un solo eje y se desbroza el camino para la fundación del ejército, cuyos prolegómenos delinea. Pero como la Restauración todavía mantiene la asistencia de muchos políticos antiguos, especialmente los más dúctiles, y no cambia el contenido del discurso partidario, más bien construye un mandato de transición que cabalga sobre dos concepciones de la organización civil. Tal construcción coincide con la presencia del capitalismo norteamericano, nuevo en esta plaza, y con el languidecimiento de las potencias de Europa. Así se establece otro ingrediente exclusivo de la contemporaneidad venezolana y comienza a dar señales la contraparte: el imperialismo norteamericano y el movimiento nacionalista.

10. Juan Vicente Gómez

EN UN RÉGIMEN COMO el que comienza en diciembre de 1908, cuya médula no son las instituciones, ni la trama legal, conviene ver en primera instancia las características del elemento que se les superpone: Juan Vicente Gómez, quien durante veintisiete años está más allá del Estado propiamente dicho. ¿Cómo es el nuevo dictador? A cambio de la biografía todavía pendiente, ahora se sugieren algunos rasgos de trayectoria y personalidad que son necesarios para la comprensión del proceso que lo tiene como obligada referencia.

Hijo de una pareja de agricultores oriundos del Táchira, pese a sufrir seguramente una infancia sin afectos, es decir, ayuna de caricias maternales y ante la lejanía de la figura masculina de la casa, más ocupada de la agricultura que de los vástagos, conoce el éxito pleno. La escena campesina en que vive su adolescencia lo tendrá como triunfador a carta cabal. Una temprana orfandad lo obliga a encargarse de la finca paterna, así como de un nutrido conjunto de hermanos, sobrinos, primos, allegados y peones cuyo manejo sin miramientos sentimentales, a la manera del padre y patrón fallecido, rinde excelentes resultados. Prospera la hacienda y los individuos bajo su dependencia le obedecen en la marcha de la eficiente unidad de producción. El joven labriego no se da tiempo para jolgorios que no sean los de alguna riña de gallos el día domingo. Solo trabaja y manda, sin que le fallen los esfuerzos ni las órdenes. Por su cumplimiento de las obligaciones aparece como cabeza de un conglomerado compacto y como sujeto idóneo para los negocios. Terratenientes y mercaderes de Rubio, San Cristóbal y Cúcuta lo tienen en alta estima. Debido a la falta de estudios, ha encontrado la llave del éxito en la laboriosidad, el instinto y la intuición. Son los ingredientes que suplen la carencia de pupitre. Cuando ya está establecido como propietario, resuelve tomar a la mujer de otro campesino, nombrada Dionisia Bello, a quien traslada a la hacienda para tenerla en concubinato. De la unión nacen los primeros descendientes. Aparte de los habitantes de La Mulera, es la única persona que de veras llama su atención hasta cuando conoce a Cipriano Castro.

Durante más de dos décadas sólo se ha interesado por la cosecha y la venta del café, por los caballos de carga y paso fino, pero en breve lo encandila el lenguaje de don Cipriano. Acude a reuniones políticas en las cuales, poco a poco, intima con el aprendiz de mandón hasta el extremo de asistirlo como lugarteniente y confidente. No demuestra incomodidad en las tertulias sobre partidos y administración civil, en las cuales se involucra sin desatender los negocios. Pero cuando el jefe resuelve marchar en la aventura del continuismo anduecista, lo acompaña dejando las propiedades. La empresa se estrella ante el triunfo de Crespo y Juan Vicente Gómez debe partir al exilio. ¿Qué logra y demuestra hasta el momento? Mantiene la reputación de hombre cabal en el ambiente de los hacendados y agrega nuevos haberes a su inventario particular. Ha ganado plenamente la confianza de los políticos parroquiales y ha demostrado cómo puede adaptarse a situaciones diversas, o contrapuestas –la paz y la guerra, las cosechas y las batallas, el manejo de los peones y la dirección de la soldadesca– sin ningún inconveniente. Con tales credenciales figura en la nómina de los capitanes que invaden a Venezuela, cuando arranca la Revolución Restauradora.

El gobierno castrista le reserva envidiables plazas. Lo encarga al principio de la administración en la frontera tachirense, muy peligrosa para la época, cometido que cumple a cabalidad. Pronto es llamado a colaborar cerca del presidente, en el gobierno de la capital y en la supervisión de operaciones militares. Es tiempo de conspiraciones y guerras que el hombre de confianza, cuyo uniforme luce ya los distintivos del generalato, sortea de manera admirable. Jamás falta a una cita con el Restaurador, ni deja de cumplir los mandamientos; jamás habla más de la cuenta, ni se involucra en las intrigas de los liberales. Aunque don Cipriano muchas veces lo desatiende en palacio espera el turno con resignación, pero aprovecha el tiempo en la compra de potreros, ganado vacuno y caballar, haciendas de café e inmuebles en Caracas. En breve es poseedor de una considerable fortuna. Al principio es apenas conocido por unos cuantos políticos, pero el desarrollo de la Revolución Libertadora multiplica su prestigio. Su participación en los preparativos de la batalla de La Victoria y en la persecución de los caudillos, le dan fama nacional. Asciende a la primera vicepresidencia de la República y su figura es familiar en toda Venezuela. Los ascensos no le tuercen la conducta, en cuanto mantiene una línea de sobriedad, y aún de opacidad, que contrasta con los escándalos protagonizados por el Restaurador a partir de 1904. En el capítulo de la decadencia oficial luce como una referencia sensata. En la medida en que se apaga la estrella de Castro, crecen los títulos del parco personaje cuya hoja aparece libre de pecados contra las buenas costumbres y cuya lengua no se ha excedido en la calificación de los enemigos, ni en el tratamiento del problema internacional. Por consiguiente, resulta lógico que los descontentos del país y del exterior procuren su compañía con el objeto de liberarse del disoluto mandatario.

El individuo que ha sabido acoplarse a vivencias disímiles en lo adelante transita con comodidad hacia nuevas mutaciones. Conservará siempre la laboriosidad, el instinto y la intuición, cualidades de la adolescencia, como armas para afincar la autoridad, mas puede ejecutar cabriolas descomunales sin perder siquiera el equilibrio. Así como supo obedecer sabe mandar, aunque prosigue con los afectos muy lejos en relación con las decisiones o con las negativas precisas para gobernar a plenitud. Del mismo modo como trató con los marchantes del Táchira, llega a acuerdos con los capitalistas holandeses y norteamericanos. Así como efectuó permutas elementales con los campesinos, funda ahora compañías anónimas y se vincula a las altas finanzas. Pero es capaz de mudanzas más impresionantes. Aunque mantiene la rutina y la modestia del labriego, no le cuesta trabajo echar al olvido la más estricta moral aldeana para convertirse en traidor y en perseguidor de traidores, para comprar en baratura mediante trampas y ventajas, para mortificar y dar muerte a las personas refractarias. Resulta difícil entender el fundamento de estas evoluciones sin expresa contradicción en la personalidad del dictador, por cuanto este, a la vez, es excesivamente enfático a la hora de tomar decisiones que no tienen retorno –es jefe de mandatos definitivos– y difuso en extremo cuando trasmite su parecer. Acostumbra extender disposiciones en frases poco claras que deben traducirse de manera literal y sobre las cuales no existe la alternativa de una modificación, en cuanto él solo fabrica sus reglas éticas y morales, habitantes en algún terreno movedizo cuya topografía no es accesible a ningún ser humano. Sobre la legitimidad de dichos cánones no duda, debido a que el triunfo lo ha acompañado en todas las empresas. Como jamás ha salido mal parado en ninguna transacción económica, ni en acuerdos políticos, siente en lo más íntimo cómo el destino le es favorable y vincula su gestión con las disposiciones de un hado irrefutable. Como la muerte le ha arrebatado numerosos familiares y amigos, del mismo modo que lo ha librado de multitud de enemigos rozándole apenas la salud, cree poseer una omnipotencia capaz de ayudarle a vivir y a gobernar sin conclusión inmediata. Siente, en suma, que constituye un elemento portentoso de quien depende la suerte del país. La mayoría de la sociedad venezolana, de la cual es reflejo y resumen, lo acompaña en el sentimiento durante veintisiete años.

11. Otra Venezuela

Con Gómez en la primera magistratura se perfecciona el proceso nacido en la Restauración. Ahora mueren del todo los caudillos, cesan las interferencias para el ejercicio del poder, la paz se constituye en una vivencia permanente, se impone un estilo político homogéneo y hasta se fija una mentalidad uniforme en relación con la sociedad civil. Debido a la imposición de un control severo y cruel, se sueldan las piezas del rompecabezas que era el Estado Nacional desde el siglo xix. El régimen del temor y la desconfianza, la creación de un brazo armado, el funcionamiento de una policía doméstica especialmente temida y la manipulación de una red de empleados competentes y leales, hacen realidad la centralización. En materia económica se rompe con el esquema material procedente de la centuria anterior, merced al desarrollo de la industria extractiva que origina el afianzamiento de la burguesía y el crecimiento del proletariado. Se perfila, pues, el cuadro de las clases sociales tal cual existe en la actualidad. A la vez, la vida se torna urbana y las costumbres sufren trascendentales mudanzas. En la cima se va construyendo un Estado todopoderoso que moderniza los mecanismos de la administración y funciona de manera eficiente. Hasta los partidarismos contemporáneos comienzan a aclimatarse en el seno de la dictadura, así como ciertas ópticas culturales de signo actual. Tras el trono influye el imperialismo norteamericano. Cada vez las cosas se asemejan más a las de nuestros días.

Sin embargo, todavía no existe una administración moderna en sentido estricto cuyas relaciones suelen ser, más bien, impersonales e institucionales. Predomina un sistema que conserva muchos vínculos propios del pasado, es decir, nexos amicales y tratos que dependen del contacto directo entre las personas. El control que se establece en Caracas y en Maracay no es disímil en relación con los controles locales que ha desplazado. Por su procedencia a principios de siglo y por su inmediato establecimiento en 1908, responde aún a un estilo de gobernar parecido al de las postrimerías del guzmanato. Entonces no era el Estado el que organizaba su plataforma a través de arreglos con caudillos y caciques, sino un hombre fuerte que imponía su autoridad a expensas de los más débiles. Ahora, con el gomecismo, en principio sucede un episodio semejante. Solo que la potencia del nuevo hombre fuerte y la flaca posibilidad de sus rivales hacen permanente la situación y, en consecuencia, permiten la alternativa de construir un esquema diverso de régimen civil. Tal régimen civil pretende la fundación de un manejo eficaz de los asuntos públicos con instituciones, disposiciones y mecanismos nuevos, a la manera de los Estados más adelantados de la época, pero conserva el sello decimonónico en cuyo centro están los intereses y los afectos del César poderoso. El César poderoso da y quita, sin que medien en su determinación ministros ni ministerios, formularios, estadísticas ni oficinas de nuevo cuño. Él está más allá del flamante esqueleto de la burocracia, él maneja la aguja maestra que teje la camisa de fuerza cuyo predominio será indiscutible. Guzmán quiso constreñir a la colectividad con la severa prenda y es ahora cuando se logra el objetivo, sin que medien ideas distintas o novedosas ni se produzcan cambios de conducta en las alturas como para apreciar diferencias nítidas en el fenómeno.

12. Antes del petróleo

Se ha afirmado que el gomecismo es criatura de los hidrocarburos, pero la preparación de los elementos capaces de consolidar una gestión estable ocurre antes del desarrollo de la industria extractiva. Entre 1908 y 1913, cuando todavía no pesa el oro negro en la balanza, la dictadura desarrolla sus extremidades para convertirse en realidad total.

Obtiene legitimidad en 1909 con la reforma constitucional, entre el beneplácito del país que cree verse libre de un proyecto tiránico, especialmente porque el nuevo texto reduce el período presidencial de siete a cuatro años y estuvo precedido por la liberación de los presos políticos. La carta da abrigo a los caudillos resueltos a apoyar al gobierno contra Castro, el enemigo común. Les concede hospitalidad mediante la restauración de un antiguo conciliábulo de asesoría, el Consejo de Gobierno, en cuyo interior tienen cabida los espadones que aún aspiran a la figuración. Se trata de un organismo sin atribuciones efectivas, en el cual gastan los últimos cartuchos bajo la vigilancia del presidente. En la medida en que participan en una farsa, dado que carecen de poder metidos en un parapeto huérfano de funciones administrativas, la tienda bajo cuya sombra la mayoría hizo carrera, el Partido Liberal, se desdibuja aceleradamente. Ya para 1911, año del centenario de la Independencia, nadie se acuerda de la bandería amarilla ni de ninguna otra organización del siglo xix. Los partidos y sus representantes deben arrinconarse en el limbo porque en Venezuela solo cabe un plan que, a falta de calificativo y de contenidos precisos, los oficialistas denominan la causa, o la patria.

Los nuevos dueños de la patria también se ocupan temprano de aclarar el panorama internacional. Los Estados Unidos, cuyo gobierno colaboró en el golpe contra la Restauración, reciben la paga correspondiente. Gómez garantiza la cancelación de acreencias pendientes, sea cual fuere su naturaleza, y el olvido de los pleitos con las compañías extranjeras. El 13 de febrero de 1909 se firman en Caracas unos protocolos por cuyo intermedio cesa la querella con el *trust* del asfalto. En 1910 se da por concluido el pleito con los consorcios de vapores del Orinoco y se adelantan documentos para un arreglo con Francia y Holanda, cuyas relaciones diplomáticas se reanudan en 1913. Antes, el 22 de marzo de 1912, el secretario Philander Knox, interventor en el hemisferio por mandato de Roosevelt, visita a Gómez con el objeto de congratularlo por las medidas. Los impulsos de Cipriano Castro pasan al cajón de los desechos y en materia de política internacional las cosas quedan en el antiguo estado de supeditación, con el agregado de la presencia estadounidense.

Dentro de la economía se practican medidas susceptibles de reanimar la actividad material. Así, por ejemplo, se suspende un impuesto de guerra vigente desde 1903; se eliminan los impuestos a la exportación de café y cacao; se derogan las leyes que restringían la navegación y se liquida el monopolio del tabaco. El 19 de abril de 1909, efeméride patriótica, el gobierno funda la oficina de minas para darle un rumbo más expedito a los contratos con el capitalismo foráneo, en procura de oxígeno y divisas. Con tantas facilidades, las casas comerciales reanudan el movimiento mercantil y los empresarios de Estados Unidos y Europa se animan a realizar nuevas visitas. El auge coincide con un aumento en el precio del café y del cacao que alcanza excelentes niveles entre 1909 y 1920.

Entonces el régimen puede fomentar el desarrollo de dos elementos esenciales para la centralización de la autoridad: un plan carretero y la modificación de las milicias. Ya en 1912 están concluidas la carretera central del Táchira, susceptible de permitir la provisión de recursos humanos y económicos con prontitud; la carretera del este de Caracas, la de Maracay hacia Ocumare de la Costa, la de Valencia hacia Villa de Cura, la de Caracas hacia Ocumare del Tuy y la de Caracas hacia La Guaira. Pronto se abrirán las picas para una vía hacia los llanos y hacia oriente. La denominada Reforma Militar es puesta en marcha en 1909. Consiste en la fundación de la carrera castrense a través de estudios sistemáticos con doctrinas coherentes, con disciplinas y con infraestructura. Es su núcleo la Academia Militar inaugurada el 5 de julio de 1910 bajo la instructoría de Samuel Mc Gill, quien traza una carrera de tres años para oficiales profesionales en atención a avanzadas materias de contenido teórico y práctico. Las relaciones entre el centro docente y las necesidades del gobierno corren a cargo de la recién creada Inspectoría General del Ejército, gracias a cuyos empeños se desarrolla luego la Oficina Técnica Militar, sede de una suerte de Estado Mayor, y la reglamentación del área. En 1911 se promulga el Código Militar y se publican diversos «Boletines» de instrucción, reglamentos menores y literatura procedente de otras academias de América Latina, Europa y Estados Unidos. También en 1911 comienza a funcionar la Escuela de Aplicación Militar para el adiestramiento de oficiales pertenecientes a generaciones previas al ascenso de Gómez, se importan fusiles máuser de sistema moderno; se adquieren vestuarios nuevos, con *kepis* y cascos para jornadas y desfiles. La Escuela de Oficiales de la Tropa es una realidad en 1912, junto con la Escuela de Clases, la Escuela Naval y la Escuela de Cabos de Mar. El Ministerio de Guerra y Marina, que antes era una oficina secundaria, incrementa su presupuesto y se convierte en un despacho con presencia nacional. Debe centralizar las actividades del ramo e informarle al comandante general.

Ninguna compañía extranjera ha perforado el subsuelo cuando ocurren estos procesos fundamentales, ni cuando Gómez desconoce la legalidad para permanecer en el poder. En tal sentido se distancia de Leopoldo Baptista, personaje clave en el golpe de 1908, quien pretendía acceder a la presidencia. Luego modifica la composición del Consejo de Gobierno para incluir a políticos de plena confianza al lado de los desgastados caudillos, operación que coincide con las vísperas de un golpe pensado por uno de sus allegados, Román Delgado Chalbaud. Descubre la trama del movimiento y ordena la reclusión severa del cabecilla. Como en 1913 está por terminar el período constitucional, cierra el compás con el objeto de impedir la aparición de candidatos. En cuanto suena el nombre del abogado Félix Montes como probable aspirante a la presidencia, reprime al promotor de la idea y hace saber que prefiere silencio sobre el particular. Llegan entonces noticias en torno a una invasión organizada por el castrismo desde el exilio, novedad que es abultada por el gobierno para restringir cualquier propuesta electoral. El presidente deja en el poder a José Gil Fortoul, jefe del Consejo de Gobierno, sale en campaña con 10 000 soldados y suspende las garantías constitucionales. Juan Crisóstomo Gómez asciende a la gobernación del Distrito Federal y, como portavoz de la tribu, Ezequiel Vivas proclama la consigna del futuro: ¡Gómez único!

13. Administración bicéfala

Ahora el petróleo le echa una mano al gobierno. En 1914 se perfora el primer pozo comercial en Mene Grande, se construye el primer oleoducto y comienzan los trabajos en el distrito Colón del estado Zulia. El rico distrito Bolívar, que más tarde tendrá fama por el reventón del pozo Barrosos, entra al mercado en 1915. Acaparan los derechos compañías de capital británico, pero a partir de 1918, debido al desarrollo de la industria automotriz en serie, los Estados Unidos pujan por ventajosas concesiones. Merced a presiones ejercidas por el Departamento de Estado, el gobierno reparte otros lotes en 1919. Así se establece la Maracaibo Oil Exploration como vanguardia para el futuro predominio de la Standard Oil of New Jersey. No es voluminoso, como pudo ser, el ingreso del fisco. Así, por ejemplo, la gigantesca concesión Vigas, sobre más de dos millones de hectáreas en exploración, solo le produce al país la cantidad de 1200 bolívares mensuales. Sin embargo, considerando cómo pronto las compañías logran beneficios sobre más de veinte millones de toneladas de hidrocarburos, en diez años ingresan al Estado venezolano 228 millones de bolívares. De aplicarse la ley castrista de minas hubiesen recibido las arcas 1500 millones de bolívares. En todo caso, fuertes e inesperados recursos se constituyen en sillar de la dictadura.

Interrumpida la institucionalidad con el pretexto de la invasión restauradora y bienamado por los capitalistas extranjeros, el gomecismo ve germinar las raíces sembradas en el lustro anterior. Como hizo don Cipriano en su oportunidad, el gobierno que ahora se denomina «Rehabilitador» ordena un desarme general y reforma la Constitución. En julio de 1914 ha promulgado una nueva Carta que crea un Ejecutivo bicéfalo, dispuesto de la siguiente manera: un presidente electo y comandante en jefe del Ejército, y un presidente provisional con funciones administrativas y de carácter formal. El ungido y encargado de las milicias es Juan Vicente Gómez, mientras un fidelísimo y activo burócrata, Victorino Márquez Bustillos, ejerce el provisorato. La situación se prolonga hasta 1922 y refleja la fortaleza del régimen, no en balde es capaz de mantener sin interferencias el curioso experimento. A su vez, la Constitución establece un período presidencial de siete años, permite la reelección del primer magistrado, elimina el Consejo de Gobierno y aumenta la duración de las penas corporales. Gómez se evita así, debido a que no aparece legalmente como cabeza exclusiva, censuras por continuismo, pero conserva el control de las ramas castrense y política. Finalizando el año se establece en Maracay, población que transforma en fortaleza militar y en sede de las grandes decisiones. El provisional, de lealtad inmaculada y de grandes dotes para la atención de la rutina, supervisa a los ministerios y a la diplomacia, no sin consultar al electo sobre asuntos escabrosos y hasta sobre las minucias cotidianas.

Aunque no es inocuo su trabajo. Bajo la coordinación de Márquez Bustillos se realizan importantes labores de carácter civil cuyo objeto es la modernización y la eficacia del Estado. Así, por ejemplo, los reajustes presupuestarios a partir de 1915, y diversas prevenciones destinadas a la cancelación de la deuda externa; la reorganización de la Hacienda bajo la inmediata responsabilidad del ministro Román Cárdenas, quien moderniza la recaudación de pechos, instruye a funcionarios especializados y hace del Tesoro una indivisible unidad; la terminación de la red carretera; la expedición de nuevos códigos de materia mercantil, criminal y procesal; el establecimiento, en suma, de uniformidad en relación con trámites en las oficinas públicas. En el largo provisorato se asientan las normas nuevas, con fórmulas generales y específicas hasta ahora inexistentes, con reglas homogéneas e instancias concentradas con jerarquías evidentes para toda la nación. Lo ayudan en el cometido funcionarios como Domingo Coronil, Luis Vélez, Melchor Centeno Grau, Román Cárdenas, Efraín González, José Ignacio Cárdenas, Pedro Manuel Arcaya, Tomás Bueno, José Gil Fortoul, Angel César Rivas, Manuel Díaz Rodríguez, Esteban Gil Borges, José Ladislao Andara y Felipe Guevara Rojas, entre otros.

En Maracay, Gómez está pendiente del Ejército. En 1915 substituye el esquema de organización de los regimientos, crea un Comando Superior como factor de coordinación y centralización y reestructura el cuerpo de edecanes. Después hace programar cursos especiales para la oficialidad de reserva, con el objeto de combatir a cualquier insurrecto; encarga a un soldado de confianza, Eleazar López Contreras, la supervisión de nuevas leyes y reglamentos y la modernización de los estatutos de conscripción. El resultado es el Código Militar de 1923, que otorga redondez a las regulaciones castrenses. En 1918 comienzan los estudios para la creación de una Escuela de Aviación Militar que se funda dos años más tarde con vehículos y equipos franceses para la instrucción de pilotos, fotógrafos, mecánicos y observadores aéreos. Numerosos cuarteles advierten la presencia del brazo armado en todo el país, mientras entran en funcionamiento dos hospitales militares.

Por consiguiente, es fácil liquidar a los movimientos subversivos. Se estrellan ante el Ejército Rehabilitador. En 1914, Emilio Arévalo Cedeño funda una guerrilla y proclama la candidatura del «Mocho» Hernández, pero es derrotado con facilidad. Lo mismo ocurre a una invasión de Horacio Ducharne, a un alzamiento de José Rafael Gabaldón y a otro intento de Arévalo Cedeño. Juan Pablo Peñaloza incursiona armado por el Táchira en 1918, y sufre un estrepitoso fracaso. Son sombras sin destino ante el parapeto de la dictadura. A la sazón, algunos estudiantes e intelectuales se atreven a protestar, mas van a parar con sus gritos a la cárcel. Un grupo de oficiales graduados en la Academia Militar organiza en breve una conspiración que aplasta el gobierno con extrema dureza. Todavía en 1921 se animan los estudiantes a exigir la libertad de los presos políticos, más la respuesta oficial es la clausura de la Universidad Central. La oposición está prohibida para siempre.

14. Los hombres fuertes

La vigilancia cotidiana corre a cargo de una policía doméstica de base regional, integrada por predominancia de tachirenses y dependiente del propio Gómez o de ciertos individuos de suma confianza. Se le conoce con el nombre de «La Sagrada», intachable en su lealtad a la causa e inflexible en el cumplimiento de cualquier tipo de «trabajos», aún lo más sucios. Cuando las «sagradas» recorren la ciudad, sus habitantes sienten el temor que inspira la presencia del dictador a quien protegen, o el poder de ciertos procónsules cuyo cometido es reinar con mano férrea en las provincias. Gracias a la privanza de tales procónsules, puede dormir tranquilo el Benemérito.

En efecto, hay un tipo especial de empleados fieles en quienes descansa la seguridad del régimen desde su misma instauración. Son aquellos que probaron su eficacia en los tiempos iniciales mediante demostración de fortaleza en cualquier circunstancia. Su función no se reduce al cuidado de un aspecto específico de la administración, sino al gobierno pleno de una región en representación directa del presidente. Simplemente les entrega una entidad federal para que escojan a los amanuenses y a los policías, para que vean de las obras públicas, de las cárceles y de las propiedades privadas, para que atiendan a las fuerzas vivas y fomenten buenos tratos de negocios. Pero a veces es una privanza transitoria. Cuando los eventos aconsejan un cambio, Gómez los traslada a un estado diferente en el que repite la faena. Eustoquio Gómez, Vincencio

Pérez Soto, Juan Alberto Ramírez, Silverio González, León Jurado, Timoleón Omaña, José María García, entre otros pocos, se llaman esos virreyes itinerantes. Aunque en términos legales son magistrados de carácter civil, el grado superior de militares sin academia los distingue como individuos enfáticos en cuya presencia la gente observa la autoridad del dictador.

Estos hombres de presa, como otros presidentes de estado, sacan particular provecho de su tránsito. El poder regional implica la posibilidad de tejer una urdimbre sui géneris para amasar fortuna mediante una asociación con el objeto de explotar las riquezas lugareñas. La forja de tal asociación es como sigue: el presidente del estado observa sobre el terreno las condiciones del mercado y después propone una empresa que comparte con algún representante del sitio y con una figura del poder supremo, generalmente el propio Gómez, o un miembro del clan o del gabinete. Con semejante trinidad de accionistas, las operaciones originan descomunales dividendos que dan mayor asiento al funcionario de turno, fortalecen los vínculos con los intereses inmediatos y cancelan al jefe, o a su parentela y allegados, un generoso impuesto personal en atención a la licencia que les ha concedido de administrar un pedazo de nación.

La escrupulosa contabilidad ejercida por el gobernador garantiza un honesto balance a final de año. Un hato, una compañía de transporte, una concesión de petróleo o el tráfago de solares urbanos, por ejemplo, son los negocios sin riesgo de una trilogía que se reitera con frecuencia en cualquier punto. Mientras tanto, se distribuye entre la gente del estado el manejo de las rentas parroquiales, en torno a cuyos ingresos gira una clientela controlada por el ejecutivo regional. Así de nuevo aumenta su bolsa el funcionario itinerante, pero, a la vez, acrecienta en la comarca las deudas de gratitud hacia el régimen.

15. El dueño de los secretos

Juan Vicente Gómez recopiló un inigualable caudal de información sobre la vida de los venezolanos. El repertorio de pormenores que llega a su despacho le permite enterarse a cabalidad, no solo de los asuntos ordinarios de la administración y de los problemas políticos, sino también de las peripecias de sus gobernados en general y de los asuntos particulares de sus funcionarios. Como manifestación de lealtad, la burocracia no ahorra las referencias a su vida personal y familiar, e igualmente se transforma en vocero de los sucesos cotidianos de la comunidad o del despacho a su cargo. Tal conducta permite al jefe de Estado una especie de introspección de los empleados públicos, a través de la cual percibe sus cualidades y defectos, sus movimientos, sus gustos, sus antipatías y sus lados flacos; así como la recepción de versiones veraces o, en todo caso, versiones susceptibles de inmediata verificación sobre cualquier oficina, comarca o personaje. Se trata de elementos preciosos a la hora de realizar un inventario de la gente de la causa con miras a su manipulación en beneficio de la estabilidad. Tantas y tan masivas noticias sobre sujetos de confianza, o sobre individuos refractarios, suministradas por la fuente primaria, generan una seguridad hasta entonces inédita en relación con el movimiento de las piezas en el tablero. Así las cosas, cuando alguien demande el porqué de tanto poder en un país que se había distinguido por la ausencia de poder pleno en la cúpula, no resulta peregrino contestar: porque todo lo oyen y lo ven las orejas y los ojos del general Gómez.

Desde 1909 se le informa sobre cualquier menudencia. Los caudillos del Consejo de Gobierno le hablan de sus negocios y sus achaques. Los presidentes de estado le ofrecen relación hasta del mínimo gasto en la construcción de un camino vecinal, reportan la conducta de los subalternos, escriben sobre su vida personal, sobre sus tragedias y sobre las fiestas patronales. A diario conoce el presidente sobre el rancho de la soldadesca en las guarniciones, sobre el transcurrir rutinario en las aduanas y sobre los alumnos admitidos en los colegios. Referencias al clima de los Andes o al verano en el llano son usuales en las epístolas de los burócratas, junto con noticias sobre conspiradores o sobre sujetos indiferentes. En ocasiones los empleados le trasmiten una agenda minuciosa, a través de la cual puede reconstruir los detalles de toda una jornada de trabajo. Todo se le informa, todo se le consulta, desde el cambio de un modesto escribiente en Porlamar hasta el contenido del equipaje de algún señor influyente. Centenares de cartas llegan a diario a la oficina del secretario, quien las organiza y eleva al presidente con el objeto de presentar una memoria coherente de las abigarradas hablillas.

En lugar de memorias y oficios de gobernantes regionales, de ministros, de diplomáticos y oficiales del ejército, parecen tales cartas la versión de un tendero para el socio mayor de la empresa. Se trata de papeles de contenido heterogéneo en los cuales incluyen sus autores el temario más diverso, mezclando lo público con lo privado, lo individual con lo social, lo particular con lo general, lo más íntimo con las contingencias de sus empleos y funciones. Merced a tan insólitas referencias, todo tipo de nuevas llega de manera habitual a la oficina de Gómez, quien puede, partiendo del abrumador filón, calcular con seguridad los pasos del gobierno. Antes, en el siglo XIX, la ausencia de una sola cabeza, y después de 1935 los cambios de la vida cotidiana y la mayor complejidad del Estado, impiden la acumulación de datos en un recipiendario único. Igualmente modifican la calidad de los datos. No resulta exagerado, entonces, juzgar el caso del Benemérito como excepcional en relación con las posibilidades de control de sus gobernados. Una retahíla de historias le hace expedito el camino para enterarse de la vida y milagros de los venezolanos. Así como para actuar en consecuencia.

16. Razones para el loquero

Son numerosas las plumas que se emplean a fondo para justificar el gobierno de Gómez a través de la óptica positivista, pero destacan en la tarea: Pedro Manuel Arcaya, José Gil Fortoul, Laureano Vallenilla Lanz y César Zumeta. *Grosso modo*, observan en Venezuela la presencia de una raza mezclada por la unión de tres distintas etnias que en tres siglos desarrolla una caracterología cuyas tendencias trasmitidas generación en generación, merced al factor hereditario, crean una colectividad impulsiva, valiente, belicosa y veleidosa. El nexo del elemento racial con agentes sociales peculiares que reciben la estimulación del medio ambiente, produce una sociedad suicida cuyo distintivo durante la Independencia y en el período de organización nacional, a partir del 1830, fue la búsqueda instintiva de la destrucción. Venezuela era, en esencia, un conglomerado bárbaro y guerrero que bien podría simbolizarse en la figura del zamuro, ave de muerte y de rapiña.

Fomentada por la combinación de la raza y el influjo de la geografía –prosiguen– encontró su motivo capital en el personalismo. El caudillo, protagonista excepcional del siglo xix, es la clave para la comprensión de la descompuesta escena. Vinculado a remotas manifestaciones del ser venezolano, es el eje natural de las peripecias de una sociedad en proceso de formación. Todavía en tránsito hacia un estadio de progreso estable, la masa se sujeta al caudillo como lo ha hecho desde sus orígenes, y espera que su peinilla lo provea en todo sentido. El legalismo republicano y el aparato institucional se ubican entonces en las regiones superficiales del instinto, mientras se impone en el fondo inconsciente la autoridad de los individuos carismáticos cuya meta es la imposición de la autocracia. Mas no solo eran los factores étnicos, hereditarios y ambientales los que hacían necesaria la presencia de supremos conductores. Así también lo establecían las leyes inexorables de la sociología sobre las cuales habían escrito autores como Augusto Comte, Hippolyte Taine y Albert Vandal.

Sin embargo, aun cuando fustigan a los caudillos, también les conceden equitativamente aciertos. Si por un lado constituían el testimonio de la barbarie, de la disgregación, de la anarquía, del desacato a las leyes, traducían igualmente la posibilidad de una unión transitoria del cuerpo social. Eran, de alguna manera, factores de congregación. En última instancia, sin ellos el país hubiera sucumbido en el caos masivo. Este argumento de la supremacía de los caudillos, visto como explicación científica de nuestra historia, lleva implícitos dos juicios de cardinal importancia para el objetivo que procuran. En primer lugar, la negación de la existencia de conflictos sociales en el pasado. En segundo lugar, el hecho de calificar de insólita en el país la presencia y funcionalidad de las instituciones y los procedimientos democráticos, sin formular una condena absolutamente severa en torno al rol de los caudillos. Así las cosas, el gobierno autoritario no resulta una imposición artificial sino una salida espontánea del proceso. La autoridad del César, legítima por razones históricas, por herencia y por causas ambientales, es el motor para el paso obligado de Venezuela hacia la paz y el progreso. El César de turno se llama Juan Vicente Gómez.

¿Por qué Gómez? Producto del accidentado quehacer de Venezuela, sus cualidades lo convierten en árbitro para regular las contiendas por la autoridad central. Su presencia garantiza el influjo preciso para el robustecimiento del Ejecutivo frente al interés de los jefes menores. Es el hombre que se ajusta a las necesidades del momento. Según nuestros positivistas, estaba superado el período de las montoneras debido a la aparición del ejército regular. Los partidos carecían de nexos afectivos con la problemática coetánea. Las ideologías que conmocionaban a Europa, como el fascismo y el comunismo, eran «exageraciones inadaptables». Lo natural es, en consecuencia, acatar el dictamen prescrito por la evolución de los factores constitutivos del progreso, los cuales, en su marcha a la positividad racional –en su marcha de la solidaridad mecánica a la solidaridad orgánica, dice Vallenilla– comenzaban a plasmar, con Gómez a la cabeza, nuevas condiciones de existencia social y nuevas formas de vida política.

Argumentos de esta especie obligan a los teóricos a una extensa exposición de las cualidades del jefe de gobierno. Como depende de una individualidad el éxito del proyecto que les es tan caro, no guardan recato a la hora de cantar las glorias personales del César. Según Vallenilla, por ejemplo, Gómez era «... un hombre que une al carácter y al más consciente amor a la patria, las facilidades innatas del gobernante. Es el hombre del momento. Dentro y fuera del país, representa la más sólida garantía de la paz, del crédito y de la prosperidad nacional». Arcaya, además de enérgico, lo encuentra honesto. «El general Gómez tiene una gran autoridad moral», llega a escribir. Para Gil Fortoul es «el hombre fuerte y bueno», «el hombre discreto, modesto y prudente». Por su parte Zumeta se siente feliz por su extraordinaria suerte, la suerte de colaborar con «esta patricia figura de patriota y hombre de buena fe». En suma, al decir de los autores mencionados, ese individuo que han escogido como vocero las circunstancias está dotado con largueza para romper los hábitos negativos y promover el fomento material. Su natural bondad, su prudencia, su honradez sin tasa, lo convierten en el mejor instrumento del país que entierra sus veleidades mientras busca un destino mejor.

17. Control severo y cruel

Pero la «patricia figura» gobierna con mano férrea. Por lo menos a partir de 1913, impone un sistema de muertes, prisiones y mortificaciones sin cuento. No existen entonces la piedad, ni la solidaridad, ni los más simples sentimientos de humanidad en el tratamiento de los opositores. Los que se atreven a disentir, aun cuando formen parte del clan, están condenados a durísima cárcel, o a trabajos forzados, o a torturas meticulosas, o a la muerte. La Rotunda, el castillo de Puerto Cabello y el reclusorio de Las Tres Torres, por ejemplo, son para la sociedad evidencias físicas del terror que impera en todas partes y ante el cual la mayoría se muestra dócil.

¿Cuáles son los procedimientos rutinarios en las cárceles? Para entrar no se necesita sino una orden de Gómez, o de sus procónsules y amigos. No es precisa ninguna fórmula legal, ni la participación de la autoridad judicial. Simplemente un mandón ordena el ingreso a las ergástulas y ni siquiera se establece con anterioridad la duración de la pena. Hasta cuando resuelvan arriba, indefinidamente. Adentro es común que los cautivos lleven grillos, algunos de los cuales llegan a pesar hasta sesenta libras. La comida es un rancho asqueroso que administra el alcaide, quien generalmente se enriquece negociando con el alimento a costa de la salud de los presos. En pequeños calabozos conviven numerosos seres humanos, engrillados la mayoría, sin mayores posibilidades de movimiento por lo reducido del espacio. Algunos comparten el mismo eslabón de la cadena y deben moverse aparejados, hasta para cumplir las necesidades fisiológicas. Muchos cubículos permanecen «encortinados», es decir, en total penumbra debido a que están clausurados los boquetes por cuyo conducto puede penetrar la luz solar o alguna ventilación. Es usual el régimen de «matraqueo» que consiste en aislamiento transitorio sin abandonar el breve espacio del calabozo, cuando lo dispone la autoridad por razones de disciplina interna o por alteraciones ocurridas fuera del penal. La atención médica es en extremo irregular, lo mismo que la recepción de auxilios como ropa limpia, correspondencia privada y comida sana, procedentes del exterior.

En oficinas especiales, o en calabozos aislados, ocurren con frecuencia sesiones de interrogatorio y mortificación. Para que el preso cante sus verdades se pregunta en retahíla diez o doce horas, sin interrupción. Aparte de lo fatigante del procedimiento, el cuestionario se aderezan con salvajes torturas tales como la aplicación de golpizas con peinillas y garrotes de madera, con látigos cuyas puntas llevan plomos y fragmentos de piedras afiladas. Muchos son colgados de los testículos hasta perder el conocimiento, o sometidos al martirio del «tortol»: especie de cordón con piezas de madera que flagela el cráneo hasta el punto de casi hacer que estalle. No pocos reciben palizas con objetos contundentes en las plantas de los pies, hasta el extremo de quedar baldados. Otros sufren la pena del aislamiento por lustros y hasta por décadas, sin abandonar la celda «encortinada». Algunos desgraciados salen en ocasiones del aislamiento para acudir a inesperados interrogatorios. Como carecen en realidad de respuestas, a poco retornan a la soledad con el cuerpo otra vez atormentado. Por ello no es extraño que pierdan el juicio o sufran trastornos de personalidad. Los casos sin redención reciben un tratamiento peculiar cuyo destino es la muerte. Son envenenados a través de la administración de pócimas mezcladas con el rancho, o haciéndoles consumir de manera intermitente raciones de vidrio molido. No hay médico forense que determine los motivos de estos fallecimientos, desde luego. La más elocuente descripción de estos vejámenes se encuentra en una obra mayor de nuestra literatura: las *Memorias de un venezolano de la decadencia*, escrita por José Rafael Pocaterra.

Lo que acontece en los presidios se conoce en la calle. Es común que se transmitan las versiones sobre los horrores ocurridos recientemente en La Rotunda y en el Castillo, que algún prisionero puesto en libertad muestre la marca de los grillos o el testimonio de la tortura. Sin embargo, las historias de tanta inhumanidad solo provocan obediencia. Apenas un breve sector de la sociedad manifiesta su repulsa frente a la barbarie entronizada. La mayoría de los venezolanos es un sumiso rebaño de vasallos. Cuando la gente pasa por Maracay, residencia del tirano, guarda un respetuoso silencio que no viola ni en la intimidad de los hogares. Cuando el Benemérito sale de su fortaleza para visitar otros lugares, los ciudadanos están pendientes de reverenciarlo. Se descubren la cabeza cuando pasa su comitiva, o mantienen religiosa actitud ante el padre todopoderoso. A veces se toman la licencia de referir su anecdotario, o de hablar de su supuesta infalibilidad, pero siempre con el debido acatamiento. Aparte de espiarse a la recíproca, o de concebir el salvajismo como un suceso corriente, la colectividad omite cualquier tipo de reacción capaz de reflejar incomodidad, o real preocupación por el hecho de tener a un elenco de verdugos como cabeza visible. Todos acompañan en silencio al diseñador de la camisa de fuerza y a su rueda de atroces tejedores.

18. Mudanza de la vida

Si se juzga por los procedimientos carcelarios, pocas cosas han variado realmente. Más bien se ha acentuado un proceso de constreñimiento que tiene antigua data. Sin embargo, debido a la influencia de la industria extractiva numerosas actividades de los venezolanos indican significativos cambios en las relaciones sociales, hasta el punto de constituir el prólogo de una conducta y una mentalidad semejantes a las de la actualidad. El territorio nacional cuenta con 91 millones de hectáreas, de las cuales no menos de 12 millones se han entregado en concesiones para la exploración de hidrocarburos. Casi el 14% de todo el suelo venezolano y el 25% de toda la zona petrolífera del país. De alguna manera debe operar transformaciones tal situación en el ámbito de la vida cotidiana.

En 1910 toda la masa de billetes de banco apenas llega a 10 millones de bolívares, pero en 1920 ya circulan 26 millones en papel moneda. A la altura de 1928 rueda la considerable cantidad de 87 millones de la misma especie. Cuando comienza la dictadura, el dinero manejado a través de cuentas corrientes es solo de 10 millones de bolívares, pero en 1927 asciende a 132 millones. Prácticamente no existen cuentas de ahorros en 1912. Unos 65 millones ganan interés por depósitos bancarios, pero 117 millones guardan en cuentas de ahorros los venezolanos de 1928. Los guarismos relativos a compra de bebidas alcohólicas indican también mutaciones. Para 1919 apenas se gasta cerca del millón. Las denominadas bebidas alcohólicas finas, en 1919 atraen la atención de los consumidores hasta la cifra de 4 117 000 bolívares. Ya en 1928 la atracción es desmesurada, por cuanto gastan en su adquisición hasta 11 269 000 bolívares. En la misma fecha se muestran particularmente afectos a los artículos de lujo. Así vemos cómo invierten 7 millones de bolívares en: «artículos metálicos con baño de oro y plata; lociones para el tocador, guantes de seda o de piel, encajes, medias finas para cubrir las pantorrillas, cosméticos y preparaciones para el cabello y el cutis; sombreros, paraguas de algodón, lino, lana y seda». Casi monta a los 5 millones el dinero gastado entonces en importar fonógrafos, pianolas e instrumentos musicales para escuchar e interpretar el jazz y el charlestón, danzas de moda en perjuicio de los aires tradicionales. Cada día se escuchan más las *american melodies*, mientras se degusta el cigarrillo rubio aromático que ha llegado junto con los automóviles y los discos de 78 revoluciones, todo rodeado de una gran campaña publicitaria. Mientras ocurre tanta adquisición suntuaria, raya en la total desestimación lo relativo a bibliografía sobre artes y ciencias. En 1919 llegan libros del aludido contenido solo por el flaco valor de 53 000 bolívares. En 1928, según la Cámara de Comercio, apenas se gastan 346 062 bolívares en «libros diversos». Entre esos libros diversos, por cierto, predominan novelas románticas y folletones. Pocos ensayistas contemporáneos, pocas obras maestras de la literatura.

A la sazón se traen las papas de Alemania, así como la manteca de cerdo; de Siam, el arroz; de España y Portugal el aceite de oliva, las sardinas y el atún. Son entonces usuales las quejas de los hacendados por falta de mano de obra en las haciendas. Las compañías petroleras ofrecen a los campesinos 30 bolívares semanales, incluyendo labores el sábado, aunque prefieren obreros procedentes del Caribe inglés y holandés. Los súbditos negros conocen el idioma materno y están familiarizados con cierta tecnología, mientras nuestros labriegos apenas son diestros en el manejo del azadón.

Les toca las de perder en la génesis del proletariado, lo cual se observa en las estadísticas vitales de 1928. Según señalan sus números, casi el 60 % de la población sufre enfermedades venéreas en los campos petroleros, integrados mayoritariamente por individuos procedentes de migraciones internas. El consumo per cápita de carne es inferior a 35 gramos diarios. Más del 50 % del campesinado no consume carne. El 90 % del campesinado no conoce el huevo en la dieta habitual. En suma, Venezuela se incorpora al cenáculo de los países poseedores de capital, conoce nuevos aportes tecnológicos, ve fortalecerse una clase dada al consumismo y a la vida confortable, desarrolla un movimiento financiero sin precedentes y muda los gustos en medio de aberraciones extremas cuyo peso no solo advierte en la dureza del gobierno, sino en las distorsiones que, de acuerdo con las estadísticas utilizadas, caracterizan a la nueva sociedad.

19. Los vaivenes del clan

SE PASA DE UNA A OTRA Venezuela, pero el discurrir de la política permanece sujeto a las necesidades de Gómez y su familia, quienes determinan las modificaciones administrativas y constitucionales en atención a cómo circulen los aires en la casona de Maracay. El interés de los habitantes de esa casa, especialmente las necesidades del dueño, son la razón de estado en la comarca que ya se ha incorporado a la dinámica del capitalismo contemporáneo. Mientras se experimenta una metamorfosis histórica, los asuntos del gobierno se cuecen en un horno rústico cuyo patrón no ve más allá de las narices del clan. La burocracia se agiliza, son de corte moderno los ministerios y muchos de sus titulares, pero las decisiones de envergadura continúan aferradas al uso del terrateniente montañés que dispone del mando como si estuviese en «La Mulera», sin que nadie diga nada ante semejante contraste. Evidencias de tal conducta son, entre otras, las reformas constitucionales de 1922 y 1925.

Como consecuencia de una grave enfermedad del presidente, ocurrida hacia finales de 1921, y ante la alternativa de su inminente falta, la parentela toma partido por dos de sus miembros con el objeto de controlar la sucesión. Se dividen entre quienes apoyan a Juan Crisóstomo Gómez, gobernador del Distrito Federal y hermano dilecto del hombre fuerte; y los que prefieren al hijo mayor, José Vicente Gómez, a la sazón inspector general del Ejército. Cuando el dictador convalece encuentra un hogar dividido entre «juanchistas» y «vicentistas», fragmentación que resuelve superar complaciendo a las partes en liza mediante un nuevo remiendo a la Carta Magna. Llama a los legisladores y les ordena buscar una fórmula a través de la cual accedan a iguales parcelas de poder los contendientes, solicitud que desemboca en la reforma sancionada en junio de 1922. La nueva Constitución liquida el ensayo bicéfalo y distribuye el Ejecutivo en una impresionante trinidad. Ahora reina un presidente, Juan Vicente Gómez, con dos vicepresidentes: Juan Crisóstomo Gómez y José Vicente Gómez. Como se prevé una reacción por el encumbramiento del trío, el gobierno decreta una amnistía política cuya meta es apaciguar el descontento.

Ahora el período administrativo se extendía hasta 1929, pero lo interfiere un episodio vinculado, para muchos, con la misma rivalidad de los parientes ávidos de poder. El 30 de junio de 1923 es asesinado Juan Crisóstomo Gómez, y la escandalosa ocurrencia hace al padre distanciarse del hijo mayor a quien los rumores involucran en el crimen. Igualmente lo hace pensar en otro retoque a la Constitución. A poco ordena que el segundo vicepresidente deje las obligaciones castrenses, como prólogo del exilio vitalicio, y reflexiona sobre la pertinencia de alejar a los otros descendientes de la carrera por la autoridad suprema. En 1925 una nueva Carta elimina las dos vicepresidencias y establece como sede oficial del Ejecutivo el lugar en el cual estuviese la residencia del jefe del Estado. El poder se resume de manera exclusiva en la cabeza del clan escarmentado y la capitalidad se fija en Maracay, población predilecta. Más le preocupa entonces a Venezuela el pleito entre «juanchistas» y «vicentistas» que la fundación de la Unión Revolucionaria Venezolana con sede en Nueva York, cuyo objeto es reunir a todos los expatriados y relacionarse con una organización antecedente, el Partido Republicano. Juntos adquieren un viejo barco, el «Angelita» y sellan un pacto para invadir el país. Todo queda en papeles. Tampoco atraen la atención los proyectos del Partido Revolucionario Venezolano que nace en México en 1926 con el apoyo de Plutarco Elías Calles. Lo integran futuros conductores del comunismo: Salvador de la Plaza, Gustavo Machado, Ricardo Martínez, Eduardo Machado, J.A. Silva Márquez y Julio C. Martínez. Sus planes no inquietan al Rehabilitador, quien goza de tranquilidad suficiente para atender las vaquerías y los negocios de petróleo mientras ve por la armonía de la sagrada familia.

20. Los líderes del futuro

De igual suerte, la actitud de los universitarios de 1928 apenas causa limitada ansiedad en el seno del gobierno. La dictadura corpulenta no se atribula por los gritos de trescientos bachilleres que, en principio, solo procuran el desarrollo de actividades culturales y gremiales. Pero ahora, incursionando en un movimiento de naturaleza simple cuyos objetivos apenas desbordan los asuntos del aula y de la solidaridad generacional, descubren la realidad y se comprometen a modificarla en el porvenir a través de un proyecto inédito. El tal proyecto, que da fruto veinte años más tarde, es el que otorga significado a su irrupción en los tiempos del gomecismo.

Están insatisfechos por el barniz de cultura que les pasa la *alma mater* y pretenden renovar las formas de expresión literaria, así como adentrarse en otro universo de la estética. Por eso editan *Válvula*, revista de vida efímera, resuelven resucitar la Federación de Estudiantes de Venezuela clausurada por Cipriano Castro, y reconstituir la Federación de Estudiantes de Venezuela. Como vocero del organismo imprimen después *La Universidad* y piensan en un plan de mayores proporciones. Van a construir una modesta edificación para actividades culturales y para albergue de los compañeros pobres. ¿Cómo materializar la idea? A través de la recaudación de dinero con motivo de diversos actos en el carnaval de 1928. Las autoridades académicas no ponen trabas al trabajo incipiente. La prensa oficial reseña los primeros pasos cuyos cabecillas son: Raúl Leoni, Jacinto Fombona Pachano, Isaac J. Pardo, Fernando Márquez, Elías Benarroch, Miguel Otero Silva, Joaquín Gabaldón Márquez, Rómulo Betancourt, Guillermo Prince Lara, J. Jiménez Arráiz, Jóvito Villalba, Luis Villalba, Carlos Eduardo Frías y Carlos Irazábal, junto a una docena más de amigos entusiastas.

Ciertamente no piensan ir más lejos, pero desbrozar el camino produce el desarrollo de posturas insólitas que no han calculado de manera consciente. La propuesta de acciones implica deliberación, fenómeno poco usual entonces. La designación de directivos implica actividad electoral y posibilidades de escogencia entre personas, suceso todavía más desacostumbrado. Se trata, nada menos, de un entrenamiento vinculado a pensar sobre alternativas de gobierno en pequeña escala y sobre manifestación libre de opciones. Discusión y democracia inesperadas en el patio de la Universidad Central, mientras en el resto de Venezuela reina el consenso obligado. ¿Así lo planifican, con el objeto de levantarse contra la dictadura? Ninguna evidencia respalda esa eventualidad. Solo hacen las cosas a su manera, sin aproximarse a la política. Un personaje recién llegado del exilio, José Pío Tamayo, poeta vanguardista y vocero del marxismo en Centroamérica, pretende adoctrinarlos antes del carnaval, pero carece de tiempo. Apenas con contadas referencias en torno a la revolución, los jóvenes salen a recoger fondos a través de los festejos de la Semana del Estudiante, consistentes en un desfile, un acto cultural, un baile y una becerrada.

Algunas palabras inconvenientes en el Panteón Nacional, la lectura de un texto por el poeta levantisco y el irrespeto al nombre del Benemérito en una noche de copas, provocan la captura de un trío de dirigentes. Entonces el resto se presenta a la prefectura –otra insólita actitud– y pide presidio en solidaridad con los detenidos injustamente. El sorprendido gobierno los complace: envía a más de un centenar de universitarios al castillo de Puerto

Cabello, aunque no han cometido faltas graves. Es decir, simplemente reacciona según su hábito, aunque no existen pecados que lavar y la solicitación es de veras extraña. La prisión es breve y benévola, pero la liberación es extraordinaria. Cuando retornan a la capital el pueblo los vitorea, a la par que condena con estruendo la actitud del dictador. La recepción hace reflexionar a los jóvenes, algunos de los cuales –no más de media docena– hace contacto con oficiales del Ejército con el objeto de participar en un alzamiento armado. Mientras tanto, el resto prosigue sus actividades escolares como si cual cosa. En breve se descubre la intentona golpista y los involucrados dan con sus huesos en La Rotunda.

Ahora reaccionan con mayor propiedad. Protestan por la represión, solicitan la libertad de los amigos y declaran públicamente oposición al gomecismo. Entonces más de doscientos de ellos son conducidos a las colonias de Araira, con el objeto de que trabajen en la construcción de un tramo carretero. A poco, unos cuantos son llevados a Palenque, oscuro campo de concentración, y el resto termina el periplo otra vez en el castillo. El cautiverio de casi un año es entonces férreo. No escapan a la incomodidad, al hambre, a los grillos y a la tortura. Experimentan la suerte de los opositores tradicionales, a cuyas angustias se conectan. Además, tienen tiempo de leer textos prohibidos que penetran con facilidad en la fortaleza; y de escuchar lecciones de marxismo que dicta Pío Tamayo, o conferencias sobre democracia burguesa a cargo de otro antiguo cautivo, Rafael Arévalo. A poco, ellos mismos dictan cátedra sobre nuestra historia, o sobre nuestra sociedad, valiéndose de lo que han sentido en los calabozos, de lo que han sacado de los libros llegados de matute y de las charlas de los peculiares ductores. En suma, ya se han graduado de políticos, o de sujetos comprometidos con el cambio para Venezuela. La experiencia de las ergástulas gomeras los relaciona con un mundo repulsivo y, aunque parezca contradictorio, les aporta bibliografía y maestros que les enseñan a volar hacia otros horizontes. El aprendizaje es defectuoso, pero constituye la plataforma desde la cual saltan a fundar partidos modernos, a escribir libros novedosos o a enfrentarse a la ciencia del mundo contemporáneo. Con tales armas en la mano llegarán posteriormente al poder, para así convertirse en arquitectos del país más reciente con sus excelencias y sus lacras, con sus virtudes y con sus falencias. De alguna manera son criaturas del gomecismo.

21. El trapiche monolítico

Cuando concluye la tercera década del siglo xx, el gomecismo es un trapiche que funciona a la perfección, sin que le falle ninguna pieza a la maquinaria ni nadie pueda perjudicar la molienda. El propio presidente es innecesario para el funcionamiento del correaje, debido a que ya no se requiere de su asistencia ante cualquier emergencia, en el improbable caso de que ocurriese. Ya todo es tan probado y eficaz que don Juan Vicente puede dedicar su ancianidad a divertirse con sus animales favoritos, a visitar las fincas particulares, a copiosas pláticas con la gente de confianza. Mientras vive un modesto esparcimiento, las ruedas del molino giran con seguridad casi matemática. Apenas se le da al establecimiento algún retoque de ocasión que no implica mudanzas de entidad. Después de los sucesos de 1928, el retoque consiste en acudir a los colaboradores del principio, es decir, a quienes acompañaron al dictador en el golpe contra Castro, para que manejen el gabinete y las gobernaciones. Se trata de personas como Rafael María Velazco, Rubén González, José María García, Pedro Itriago, José Ignacio Cárdenas y Tobías Uribe, a quienes el jefe denomina «los bueyes viejos». Su antigüedad en las ejecutorias del régimen garantiza, aparte de indiscutible lealtad, el temor que les inspira una ideología que, aunque vagamente, tuvo cierta sonoridad en el semestre anterior: el comunismo. Para podar la incipiente planta, así como para hacerle más llevadero el gobierno al sexagenario cabecilla a quien cada día molesta más la próstata, el otro retoque consiste en reformar la Constitución.

La reforma constitucional de 1929 modifica el inciso sexto del artículo 32. Merced a tal modificación se sujetan a pena las expresiones que impliquen injuria, difamación o ultraje, y se prohíbe la propaganda comunista. Las partes sustantivas del texto disocian las funciones del comandante en jefe del Ejército y del presidente de la República, por cuanto Gómez ha anunciado su deseo de retirarse del Ejecutivo para ocuparse con exclusividad de las Fuerzas Armadas. A su edad no quiere quebraderos de cabeza. Pero como jefe de las milicias deberá, según esta reforma, atender atribuciones medulares: designación y remoción de ministros, administración del Distrito Federal, selección de presidentes de estado, suspensión de garantías, empleo de fuerza pública, declaratorias de guerra y convocatoria del Congreso a sesiones extraordinarias. El resto de las funciones, es decir, lo accesorio, queda a cargo de un magistrado civil con el título de presidente, cuya investidura recae en un inocuo personaje, Juan Bautista Pérez. Es el ornato del gomecismo hasta 1931, cuando se le da una última mano de pintura a la carta magna.

Cuando «asciende» Pérez ocurren algunos alzamientos sin destino: el movimiento de Gabaldón en Santo Cristo, una intentona de Norberto Borges en Santa Lucía, un publicitado asalto a Curazao y la invasión del «Falke». Todos son molidos por las ruedas del trapiche. El proyecto del «Falke» se apreciaba más digno de atención, debido a que en él participaban los enemigos tradicionales y la oposición gestada al calor de los sucesos estudiantiles de 1928, politizada en el exilio y cargada de nuevas ideas. Además, contaba con el apoyo de la Royal Dutch Shell, compañía ávida de mayores concesiones de hidrocarburos. Sin embargo, solo demora unas semanas al

Ejército Rehabilitador en liquidar a los invasores. Aunque aparezca como cabeza del gobierno un sujeto opaco, aunque la salud del Benemérito mengüe, ningún rival puede tener éxito. Venezuela no los atiente, ni los quiere. Se acostumbró a obedecer a Gómez.

22. Los partidos nuevos

En todo caso, comienza en el exilio la formación de partidos modernos cuyos planes no se limitan a proponer la liquidación del régimen, como todavía sugiere la lectura chata de los caudillos sobrevivientes. Al contrario, los jóvenes que abandonaron al país hacia finales de 1928 conocen las conmociones de la Europa de vísperas guerreras y los movimientos sociales e intelectuales de América Latina. Los fenómenos que observan a título de espectadores, o que comparten con entusiasmo, les sugieren ideas o los involucran en vivencias capaces de proyectarse en un designio novedoso para Venezuela.

El primer plan es la fundación del prv en México por quienes se califican de marxistas-revolucionarios. Pretende la organización promover invasiones al territorio venezolano y hacer propaganda a escala continental. A través del periódico *Libertad* proponen un cambio de estructuras que desemboque en la liquidación de las clases sociales. En la radical postura insisten Gustavo Machado y Salvador de la Plaza, pero la reiteración del extremismo sin ambages origina el distanciamiento de otro líder, Rómulo Betancourt, quien dice preferir un marxismo más ajustado a la realidad nacional, o por lo menos encubierto en espera de tiempos más propicios. Mientras tanto, otro grupo de novatos intenta, sin salir del país, crear el Partido Comunista en 1929. Comienzan a estudiar a los clásicos de la revolución contemporánea y se aventuran a proponer un plan de publicidad dirigida a los obreros.

En el empeño destacan: Rodolfo Quintero, Juan Bautista Fuenmayor, Kotepa Delgado y Josefina Juliac, quienes logran en la clandestinidad la organización de unidades de base para aproximarse a la masa a través de mensajes rudimentarios. No llegan a puerto en la navegación, pero gracias a su actividad circula el primer manifiesto formal del comunismo, editado en mayo de 1931 bajo el título de «La lucha por el pan y por la tierra». El documento busca juntar a los obreros para enfrentarse al resto de las clases sociales, con el objeto de inaugurar un gobierno proletario y campesino, una suerte de sóviet tropical contra la oligarquía y el imperialismo.

Rómulo Betancourt y un grupo de seguidores prefieren la difusión de un marxismo disfrazado. El atraso del país, expresa entonces, no permite propuestas excesivamente traumáticas. Su izquierdismo juvenil, compartido por Raúl Leoni, Valmore Rodríguez, Mario Plaza Ponte, Ricardo Montilla y otros pocos, prefiere examinar la alternativa de cambios progresivos que atraigan a los desposeídos, a los pequeños propietarios y a los intelectuales con el objeto de profundizar posteriormente en la mudanza estructural. Una suerte de alianza transitoria de clases, con miras a la revolución del porvenir. La estrategia los lleva a fundar ARDI, inspirada en el movimiento aprista del Perú, y a redactar un manifiesto considerado como moderado y progresista ante las aberraciones de la dictadura. Se trata del Plan de Barranquilla, que circula el 22 de marzo de 1931. Híbrido de positivismo antiguo y de marxismo digerido aprisa, mezcla de permanencias y novedades, el Plan conducirá luego a la fundación del ORVE, del PDN y de AD, partidos de futura relevancia.

23. Muerte en la cama

Ahora tampoco influye la organización partidaria en la conducta del gobierno que vigila a distancia el nacimiento de unas criaturas demasiado flacas como para tomarlas en serio. Más le preocupan las críticas que recibe Juan Bautista Pérez cuando quiebran algunas empresas como consecuencia de la crisis mundial de los años treinta. O la campaña doméstica que algunos miembros del clan desarrollan por la candidatura de José María García, pariente y valido del dictador. Son los hechos que provocan la última reforma constitucional del régimen, la cual devuelve finalmente el poder a Gómez para que disponga de la heredad en sus postrimerías. Es ese sentido, encarga del Ministerio de Guerra y Marina a Eleazar López Conteras, soldado fiel y funcionario enterado de la vida de los cuarteles. Siempre ha cumplido con las obligaciones y ha colaborado en la tecnificación de la milicia. Se ve adecuado para recibir el poder supremo, cuando el Benemérito resuelva dejar este mundo. La próstata le aconseja tomar la crucial decisión el 17 de diciembre de 1935, cuando muere en Maracay.

Fallece en el lecho, mientras los deudos rezan las novenas de Santa Rita. Después de veintisiete años de despotismo, dice adiós con la placidez de los patriarcas a quienes nadie falta con éxito al respeto. Solo la próstata lo retira de escena, pues ningún esfuerzo de los venezolanos sirve para acelerar el desenlace. En veintisiete años nadie lo roza, nadie le mueve, nadie que no se llame Cipriano Castro le quita el sueño. Durante veintisiete años la colectividad lo respeta, acaso porque es su producto más representativo. Solo lo ataca un breve elenco que encabeza el castrismo traicionado, que prosigue un puñado de hombres excepcionales y culmina en los estudiantes nacidos en el mismo seno de la dictadura. Los demás callan o celebran las obras de la Rehabilitación. Venezuela sabe que existen grillos y calla, que existen verdugos y los reverencia, que existe un hombre poderoso a quien acata. El 17 de diciembre de 1935 se alegra por el deceso de Gómez, aunque en el fondo carece de motivos para el júbilo. Su desaparición es solo un acontecimiento natural en el cual nada tuvo que ver como nación, y el cual, por lo limitado de su trascendencia en relación con los hechos ocurridos desde 1909, susceptibles de cambiar la vida del país, es apenas un fenómeno aislado que no muda la substancia de las cosas. Por consiguiente, sin que ocurra ninguna mutación medular, el país cree que la muerte de Juan Vicente Gómez le concede el pasaporte hacia un proceso nuevo y distinto. Siempre ilusión. ¿Acaso no vive todavía?

24. López el tintorero

La sola muerte del jefe no implica fracturas de importancia. El acta de defunción de un personaje no determina, ella sola, la alternativa de una mudanza real. Aún en el caso de una personalidad tan peculiar y tan avasallante como Juan Vicente Gómez. Ciertas mutaciones significativas debe provocar su deceso, desde luego, pero jamás una ruptura con el pasado. Para ello se precisa que acompañen al féretro diversos ingredientes de carácter colectivo, es decir, factores relacionados con la vida y con las necesidades de los venezolanos. Tal fenómeno no ocurre en 1935. En especial porque el jefe es reemplazado por Eleazar López Contreras, figura de su elenco, miembro de la cúpula y acólito sumiso durante veintisiete años. Pese a las transformaciones sucedidas a partir de 1936, el régimen que comienza puede denominarse, entonces, gomecismo sin Gómez.

En el seno del gomecismo sin Gómez, las evoluciones constructivas y la limitación de tales evoluciones se ajustan, en buena medida, a las características de López Contreras. Buscando alguna simplificación, pueden relacionarse con las peripecias del heredero. El nuevo presidente es criatura de la tiranía, pero participa en ella dentro de la parcela de la modernización sin involucrarse en el trabajo represivo y repulsivo. Es hombre de uniforme y de cuartel, acaso el primer representante del ejército que asciende al poder en nuestra historia, pero se manejó en las oficinas de la burocracia alejado de las prisiones y las torturas. Sin embargo, supo de la existencia de los grillos y el tortol que no llegó a criticar jamás, en cuanto prefirió hacer carrera sin llenarse de sangre las manos. En el empeño no pudo evitar salpicaduras. Como no está plenamente comprometido con el trabajo sucio, entiende su responsabilidad en Miraflores como una faena de adecentamiento. Si Castro y Gómez tejieron la camisa de fuerza, él conducirá la prenda a la tintorería con el objeto de retirarle ciertas arrugas, las manchas más visibles y algún incómodo mecate. Nada más. Lavado y planchado en tarifa sencilla. La sociedad continúa reprimida en sus movimientos, aunque luce más activa y hasta renovada en su apariencia. Al autoritarismo gomero le continúa un personalismo cuya tendencia es la modernización y la eliminación de los procedimientos bárbaros del gobierno, cuya característica es, igualmente, la desconfianza ante nuevas lecturas de la sociedad civil y ante nuevas propuestas sobre el sistema político. En consecuencia, permanece el pasado gracias al interés oficial mientras las fuerzas emergentes se abren paso a pesar de lo dispuesto en las alturas. Arriba se retoca la camisa de fuerza, mientras la nueva dirigencia, actuando la mayoría de las veces sin la venia superior, o por el impulso de la sociedad harta de vivir contenida, pretende abrir caminos diferentes.

Dos ejemplos, ocurridos en los comienzos de la administración de López Contreras ilustran el asunto: la desaparición de Eustoquio Gómez y el Programa de Febrero, manifestación de las intenciones del primer magistrado. En cuanto Eustoquio Gómez representa el costado más antipático de la tiranía, odiado por sus crímenes y excesos, el régimen no vacila en enfrentarlo y en apoyar su desaparición definitiva. Sin embargo, no hace lo mismo con otros figurones de los últimos años, como Márquez Bustillos, o Pérez Soto o Jurado, entre otros muchos. A pesar de sus nexos con el Benemérito, en primera instancia los asimila, o los tolera, o les permite seguir pontificando. Cuando la sociedad los repudia les busca una salida airosa, pero en principio no toma la iniciativa de encarcelarlos o de ordenarles exilio. La repulsa popular lo obliga a promover el exilio de los familiares del tirano muerto, y a la expropiación de sus bienes más llamativos, después de trabajosos diálogos que apenas trascienden a la opinión pública. En cuanto al Programa de Febrero, más que una orientación para el futuro, es un texto de influjo positivista en el cual el presidente se ofrece como dispensador mayor de los bienes sin abrir el compás a las innovaciones políticas. El documento hace que todo dependa de la persona del jefe, olvidándose de los nuevos aires que llegan a Venezuela.

25. Movimientos

En 1936 ocurren manifestaciones colectivas que anuncian fenómenos inéditos, o por lo menos poco frecuentes en el país del siglo xx. Así, por ejemplo, el 9 de enero se realiza una asamblea popular en La Pastora. En ella, ciertos dirigentes desconocidos reclaman justicia y piden a López que se divorcie de Gómez. A poco suceden saqueos y tumultos callejeros. El 14 de febrero, unas 50 000 personas llenan la Plaza Bolívar para solicitar cambios en el gabinete y prisión para los gomecistas más connotados, entre ellos el catire Eustoquio y el gobernador de la capital. Nuevos líderes incitan a la multitud y obligan a efectuar mudanzas en los ministerios y en las gobernaciones. Disparos de la tropa acompañan la manifestación popular cuando va a comenzar, pero el presidente se ve obligado a recibir a sus líderes y a escuchar sus reproches. En breve protestan Maracaibo, Valencia y Barquisimeto contra la permanencia de los procónsules gomeros. Estalla una huelga general el 9 de julio, mientras el régimen pretende imponer regulaciones especiales de orden público. A fines de año, 20 000 obreros de la industria extractiva, dirigidos por el flamante sindicalismo, hacen una preocupante huelga de 45 días con el objeto de reclamar mayores salarios y ventajas. En suma, cerca de un centenar de aglomeraciones, gritas y escaramuzas en todo el país, indican el inicio de una conducta orientada a los cambios cuando apenas el nuevo gobierno cumple un año de funciones.

Es también el período de formación de las vanguardias. Los políticos jóvenes retornan a Venezuela o salen del escondite con la pretensión de organizar al pueblo a través de partidos, sindicatos y asociaciones de diversa naturaleza. Jóvito Villaba se afirma como dirigente universitario mediante la reconstitución de la FEV, acompañado de Humberto García Arocha, Luis Emilio Gómez Ruiz y Ernesto Silva Tellería. Rómulo Betancourt, junto con Raúl Leoni, Ricardo Montilla y otros pocos, plantea la necesidad de un frente policlasista que cambie el juego político y promueva rupturas en la sociedad y en la economía. Los marxistas leninistas anuncian la revolución en las voces y en las plumas de Salvador de la Plaza, Miguel Acosta Saignes, Gustavo y Eduardo Machado, Juan Bautista Fuenmayor, Aurelio Fortoul y Miguel Otero Silva, al lado de media docena de «rojos peligrosos».

Como resultado de las prédicas, se organiza casi una veintena de partidos. Son los más importantes: el Partido Republicano Progresista (PRP), comunista disfrazado ante las presiones del gobierno; Movimiento de Organización Venezolana (ORVE), que se proclama «nacionalista-socialista» en la línea de la colaboración de clases sociales; Unión Nacional Republicana (UNR), de tendencia liberal; Bloque Democrático Nacional, con sede en Maracaibo y marxista de filiación; el partido Agrario Nacional (PAN) y el Partido Nacionalista (PARNAC), adversarios de los cambios y de los nuevos voceros de opinión. Organizaciones como el Frente Obrero, el Frente Nacional de Trabajadores, la Federación de Estudiantes y la Liga de Defensa Nacional, acompañan a las banderías promoviendo mudanzas, o tratando de evitarlas. Con el objeto de adquirir mayor fortaleza frente a las presiones del gobierno, los llamados izquierdistas (UNR, ORVE, PRP) resuelven mudarse a una sola tienda que denominan, a falta de muchas ideas comunes, el Bloque de Abril. Apenas pernoctan bajo el mismo techo.

¿De dónde salen los nuevos capitanes y las nuevas organizaciones partidistas? Son el resultado del ostracismo de 1929, luego de los episodios de la universidad. Durante un lustro completan su formación con nuevas lecturas, con estudios formales, con actividades políticas y con vivencias de la Europa de vísperas guerreras, o de Latinoamérica en sus parcelas democráticas y populares. Retornan fogueados, con la disposición de hacer un país diferente al de las últimas décadas, pero igualmente diverso en relación con el siglo xix. Son también el resultado de la actividad clandestina entre 1930 y 1935, sin abandonar el país. Ambos, los exilados y los iniciados en la clandestinidad, quieren experimentar en la realidad lo que aprendieron en las bibliografías, o lo que vieron en otras naciones convulsionadas.

De una de ellas procede una tempestad cuando apenas inician el ensayo. Estalla en España la Guerra Civil, cuyas noticias ocupan la atención de las vanguardias y producen dos tendencias ante la sociedad y el gobierno civil: la frentista-unitaria y la fascista. Los políticos de izquierda se adhieren a la República atacada por el pronunciamiento militar, mientras sectores conservadores favorecen el autoritarismo franquista. Numerosas disputas vive entonces Venezuela como consecuencia de la lucha peninsular, y el nacimiento de una criatura de original orientación conservadora-ultamontana: la Unión Nacional de Estudiantes (une). Dirigido por algunos jóvenes cursantes en colegios religiosos, un grupo de estudiantes se separa de la fev argumentado luchas por la defensa de las tradiciones criollas, por la España católica y contra la hegemonía del marxismo en los gremios juveniles. Los capitanes de la escisión, que más tarde evolucionará hasta posiciones centristas y progresistas, son: Rafael Caldera, Pedro José Lara Peña, José Antonio Giacopini Zárraga, Lorenzo Fernández y Francisco Alfonso Ravard, entre otros. Con ellos se define el cuadro de las tendencias, las innovaciones y las permanencias en el experimento que es entonces Venezuela.

26. Nuevas formas de control

Con el respaldo de las Fuerzas Armadas y apoyándose en el Parlamento, cuya composición permanece intacta desde el último lustro dictatorial, con las simpatías de la burocracia procedente del gomecismo y con la incorporación de sectores moderados en las ramas profesional y técnica, el gobierno resuelve, sin que afloje excesivamente la manga, atenuar los sistemas represivos. Clausura el período de las torturas y la intimidación para substituirlo por el imperio de vericuetos legales controlados exclusivamente por la cúpula, a través de los cuales presiona sobre las innovaciones sin asumir el papel de verdugo. En lugar de un descarnado caporal al estilo antiguo, va a reinar un meticuloso fiscal de la vida, especialmente de la actividad política, inclinado a la utilización de formularios y de cortapisas legales. La trama de mil regulaciones concebidas como murallas para represar el futuro es la muleta preferida por López Contreras desde los inicios del camino. Entierra el tortol y resucita los códigos. Desplaza a los esbirros, mientras emplea leguleyos.

La Constitución de 1936, esencia del proceso, resume la aludida conducta. Con el beneplácito del congreso gomero acorta el período administrativo hasta 1941, sin modificar las formas de elección del ejecutivo, ni de los cuerpos deliberantes de mayor trascendencia. Dispone la confiscación de los bienes de Gómez y sus allegados y establece ventajas de carácter social para los más pobres, como el reposo semanal de los empleados y obreros, las vacaciones anuales remuneradas y la participación de los empleados en los beneficios de las empresas. Sin embargo, en materia política ordena un puntual control doctrinario e ideológico. El inciso sexto del artículo 32 profundiza la imposibilidad de manifestarse libremente en torno a la sociedad civil, debido a que establece:

> Se consideran contrarias a la independencia, a la forma política y a la paz social de la nación, las doctrinas comunistas y anarquistas; y los que las proclamen, propaguen y practiquen serán considerados como traidores a la patria y castigados conforme a las leyes. Podrá en todo tiempo el Ejecutivo Federal, hállense o no suspendidas las garantías constitucionales, impedir la entrada al territorio de la República, o expulsarlos de él, por el plazo de seis meses o un año si se tratase de nacionales, o por tiempo indefinido si se tratase de extranjeros, a los individuos afiliados a cualquiera de las doctrinas antedichas, cuando considere que su entrada en el territorio de la República o su permanencia en él, pueda ser peligrosa para el orden público o la tranquilidad social.

Como se observa, el gobierno no amenaza con perpetuarse, ni con desatender los problemas sociales, ni con impedir el castigo de la familia Gómez, pero hace depender la propia subsistencia de la nación de la excomunión del pensamiento revolucionario. Asocia la desaparición de Venezuela con el fomento de anarquismo, del marxismo y de orientaciones similares, como ningún sistema lo había efectuado. En términos formales crea una discriminación descomunal, a través de la cual puede filtrar desde los despachos superiores, o desde la policía, el nacimiento de los partidarismos; a través de la cual puede presionar a los dirigentes sindicales y estudiantiles, a los periódicos y las imprentas. En este sentido, pues, la libertad no es una realidad tangible en Venezuela. El inciso sexto, además, pretende apoyarse en una ley especial contra los delitos de subversión, denominada «Ley para garantizar el orden público», protestada airadamente; en la creación de cuerpos especiales para la vigilancia en los campos y en una campaña publicitaria contra los «pensamientos exóticos».

La formación de partidos se controla mediante acusaciones a los portavoces cuyas ideas parecen peligrosas. Pueden los acusados defenderse y en ocasiones un buen abogado los coloca en libertad, aunque quedan tachados de sospecha fulminante para el porvenir. La Corte Federal se convierte en tribunal susceptible de determinar la maldad de las banderías, por la elaboración de cuestionarios de cuya respuesta depende la bendición oficial para quienes quieren hacer política de manera organizada. Tales cuestionarios se orientan a conocer el parecer del proyecto partidista sobre asuntos como la propiedad privada y su trascendencia, la lucha de clases y su conveniencia, la libre empresa y sus virtudes, el papel del Estado frente al individuo, frente a la educación y frente a la distribución de la riqueza. Solo la moderación de las respuestas garantiza la fundación de un partido. Pero si aprueba el examen y no se incluye en el índex, deberá portarse bien en lo adelante. Lo amarran los rigores del inciso sexto, o la vigilancia de personajes como Victorino Márquez Bustillos, el presidente del presidente en los tiempos del ensayo bicéfalo, quien mantiene su influencia cerca del trono.

27. Otras voces

Los que observan mala conducta son castigados. En marzo de 1937 ocurre una expulsión colectiva. La gobernación juzga perjudiciales a numerosos dirigentes y los obliga a abandonar el país. En la nómina de expatriados figuran Rómulo Betancourt, quien se esconde con el objeto de iniciar actividades clandestinas; Gonzalo Barrios, Gabriel Bracho Montiel, Miguel Acosta Saignes y Alfredo Conde Jahn. Son comunistas, de acuerdo con la perspectiva oficial. El desacato del joven Betancourt origina una gran faena de propaganda subterránea, la divulgación de un mensaje novedoso en todo el país.

Inicialmente capitaliza el proyecto el PDN, tienda oculta en la cual se juntan los comunistas y los orvistas bajo el comando de una trilogía integrada por Jóvito Villaba, Rómulo Betancourt y Rodolfo Quintero. Gracias a su trabajo, se crean células de adoctrinamiento que son el germen de las organizaciones posteriores. Los que no han sufrido la incomodidad del control gubernamental, pero que estiman necesaria una transformación a mediano plazo, piensan en una bandería heterogénea. Hablan de un civismo paulatino y de una modernización diferente de la planteada por los izquierdistas expulsados, o por los líderes de contrabando. En el comité son figuras fundamentales: Mario Briceño Iragorry, Mariano Picón Salas, Ramón Díaz Sánchez, Arturo Uslar Pietri y Alberto Arvelo. Se anuncian como los notables del futuro inmediato, mientras languidecen, aunque son bien vistos por el General, los entonces llamados partidos históricos: el Partido Liberal y el Partido Amarillo Histórico. Las facciones conservadoras, Liga de Defensa Nacional y PARNAC, son los puntales de la postura ultramontana. Promueven desde el diario *La Esfera* una pertinaz campaña anticomunista.

Sin embargo, las ideas nuevas circulan en la clandestinidad y en algunos impresos de importancia. Especialmente antes de las expulsiones, a través de *Ahora*, de Betancourt, Carlos D'Ascoli, Juan Oropeza, Luis Esteban Rey, Raúl Leoni y Luis Troconis Guerrero; y de *El Popular*, redactado por los comunistas Acosta Saignes, Irazábal y Otero Silva; y de Orve, en cuyo control aparece Mariano Picón-Salas y en el que trae la pluma metida Rómulo Betancourt. Son impresos pioneros de una nueva prensa de renovación en la cual pronto van a destacar *El Morrocoy Azul*, papel de sátira y de críticas extraordinarias; *Últimas Noticias*, órgano comunista lleno de agilidad y de populares reporteros; *El Nacional*, que comienza a establecerse como una referencia indiscutible. Papeles todos de las postrimerías del lopecismo, deben juzgarse como reactivos de la politización realizada con inteligencia frente a las manipulaciones reinantes. Por su conducto circulan los planteamientos que en breve producirán cambios de entidad. Hay otras voces, pues, y un mensaje diverso, pese al predominio del gomecismo sin Gómez. Los permite el gomecismo sin Gómez, en otras palabras.

28. La modernización

Si la política y sus habitantes constituyen para el gobierno una especie de heredad maldita a la cual debe aproximarse lleno de prevenciones, con pinzas, la atención de los asuntos propiamente administrativos no le generan inquietud. Tampoco los asuntos de la cultura y mucho menos los problemas sociales y materiales. Más bien los enfrenta con el objeto de hacer salir a Venezuela del agujero en que le había metido el régimen anterior. Gracias a la colaboración de destacados intelectuales, profesionales y burócratas como Alberto Adriani, Amenodoro Rangel Lamus, Tulio Chiossone, Manuel Egaña, Caracciolo Parra Pérez, Enrique Tejera, Luis Gerónimo Pietri, Rafael Ernesto López y Arturo Uslar Pietri, interesados en incorporar las novedades de la contemporaneidad sin trasegar el camino de los extremismos, el país comienza a distanciarse del rústico escenario de las décadas precedentes.

En lo relativo a lo propiamente burocrático, la estructura del alto gobierno se agiliza y perfecciona mediante la creación de nuevos despachos ejecutivos: el Ministerio del Trabajo, el Ministerio de Comunicaciones, el Ministerio de Agricultura y Cría y Sanidad. No se trata de una simple fundación de oficinas, sino del interés de atender con criterios coherentes las áreas habitualmente deprimidas. Con la misma orientación se incorporan a los despachos ejecutivos otras oficinas y dependencias de factura moderna, entre las cuales destacan: el Banco Industrial de Venezuela, para atender el financiamiento del sector terciario; el Instituto de

Inmigración, para desarrollar nuevos planes de colonización y búsqueda de mano de obra; el Instituto Nacional de Higiene, en atención al crítico estado del área después de treinta años de indiferencia; el Consejo Venezolano del Niño, para aliviar el destino de los menores y la Oficina Nacional del Trabajo, con el objeto de proyectar una solución de los asuntos laborales.

La actividad de los flamantes organismos produce regulaciones y realizaciones de entidad, como el Código de Menores, la Ley de Contraloría General de la Nación, la Ley del Trabajo, el Censo Agrícola, proyectos de financiamiento y subsidios para los agricultores y criadores, nuevos convenios internacionales de reciprocidad comercial, nuevo régimen para la utilización de divisas; y el comienzo de una lectura diferente del negocio petrolero, cuyo resultado inmediato es la suspensión del otorgamiento de nuevas concesiones y la revisión del régimen pertinente. En el campo de la educación y la cultura el cambio es significativo. Al desdén por tales aspectos lo reemplaza una preocupación evidente cuyos corolarios son numerosos. Conviene ahora destacar la fundación del Instituto Pedagógico Nacional, merced a la búsqueda de docentes chilenos que se establecen con el objeto de realizar un plan educativo profundo y general. Asimismo, la formación de profesores en agronomía, veterinaria y geología; la creación de una red nacional de escuelas normales, la construcción de edificaciones especiales para liceos y escuelas primarias y el mejoramiento de la enseñanza artesanal. La construcción de sedes para el Museo de Bellas Artes y para el Museo de Ciencias Naturales, así como la edición de la *Revista Nacional de Cultura*, patentizan la orientación oficial en relación con la actividad intelectual de mayor escala.

El Estado se aproxima a la cultura como no lo había hecho durante todo el siglo y los intelectuales, por lo tanto, encuentran más abonado el terreno para su oficio. Es, entonces, tiempo de renovación y transición de las formas y los contenidos literarios y estéticos, así como capítulo de reflexión coherente sobre el país y el mundo. Rómulo Gallegos prosigue su cosecha después de *Doña Bárbara*, mientras una nueva generación de creadores de envergadura cambia las maneras de escribir en prosa y en verso. Plumas de la talla de Guillermo Meneses, José Rafael Pocaterra, Miguel Otero Silva, Arturo Uslar Pietri, Ramón Díaz Sánchez, Julián Padrón, Carlos Eduardo Frías, Antonio Arráiz y Jacinto Fombona Pachano, al incorporar influjos foráneos y experimentar con episodios procedentes de los doméstico, rompen con las formalidades y los esquemas viejos. Sus logros en el campo de la novela, el cuento y la poesía, son medulares para nuestra manera de fabular. Debido al movimiento de la ensayística, comienza entonces un periplo de reflexiones solventes sobre el país y sus contornos. Languidece el positivismo, aunque sin desaparecer a plenitud, mientras otros sistemas de pensamiento pretenden perfilar el destino del país que busca otros horizontes. Los nombres mayores del ensayo son, por los momentos: Mario Briceño Iragorry, Mariano Picón-Salas y Enrique Bernardo Núñez, cuyos escritos parten del fundamento historiográfico. Pronto los temas se diversifican, junto con los métodos para su abordaje, como consecuencia de la llegada de importantes maestros extranjeros a quienes mucho adeudarán el pensamiento y la vida universitaria. Gracias a pensadores y divulgadores como Juan David García Bacca, Edoardo Crema, Humberto Díaz Casanueva, Augusto Pi Suñer, Ángel Rosenblat y Arturo Frondizi, criaturas de la diáspora peninsular y de otras convulsiones europeas y latinoamericanas, se posibilita la alternativa de pensar con mayor coherencia sobre lo propio y lo ajeno.

29. Selección en capilla

El gobierno abre muchas ventanas, pero se resiste a romper el candado del portón a cuyo frente golpea el ventarrón de la política. Desconfía de unos jóvenes a los que desconoce y a quienes moteja de demagogos. Las autoridades ven comunistas por todas partes y no se atreven a eliminar la alcabala que les impide el paso franco. En consecuencia, ocurre en Venezuela un desarrollo desequilibrado de los elementos que integran su contenido. Por una parte, se modifican la burocracia y la legislación, sucede una apertura ante la problemática social y ante lo foráneo, hay renovación de la vida intelectual. Por la otra, el miedo y la desconfianza ante los partidos que procuran establecimiento. La suspicacia frente a lo político llega al extremo de no pensar la cúpula en la posibilidad de manipular el juego para su beneficio. Es decir, en la alternativa de fundar banderías según el estilo propuesto por los jóvenes, con el objeto de hacerse de una organización parecida a las que teme y colocarla a su servicio. El presidente y los consejeros más bien se orientan a fundar acartonadas sacristías de adoración al padre de la patria, para luchar contra el mensaje de las organizaciones de oposición. Mediante una cadena de «Cívicas Bolivarianas» que asocian las proezas de la Independencia y del Libertador con el espíritu del régimen, don Eleazar y sus consejeros creen sumar prosélitos y obtener continuidad.

La continuidad, de acuerdo a como la juzga la oposición, no cabe en los planes. El próximo mandatario, dice la gente de las «Cívicas Bolivarianas», debe seleccionarse al estilo tradicional: un breve grupo a cuya cabeza está el jefe de Estado, dispone el nombre y el proyecto del delfín. Pero ¿cuáles criterios prevalecen a la hora de la selección? Descartadas las reformas del sufragio que pudiesen permitir un mayor acceso de los líderes y de la opinión pública al cenáculo de los electores, se confía la escogencia a patrones que delatan la procedencia gomecista del régimen. El candidato a la primera magistratura debe llenar dos requisitos ineludibles: debe ser oriundo del Táchira y miembro del ejército. Se busca en los elementos regional y castrense que tanto caracterizaron a la tiranía, la credencial para acceder al poder. Después de ensayar algunas nominaciones, entre ellas la de Vincencio Pérez Soto, aprueban la candidatura de un oficial nacido en San Cristóbal que ejerce el Ministerio de Guerra y Marina: el general Isaías Medina Angarita. Su origen montañés y su carrera profesional en una escuela a la cual dedicó el Benemérito los mayores desvelos, lo marcan en el inicio. Lo identifican en primera instancia como criatura robustecida al calor del pasado reciente, cuyos intereses lo imponen ante otros nominados y le conceden legitimidad. La legitimidad del gomecismo sin Gómez signa el lanzamiento del sucesor de López Contreras. El Ministro de Guerra de la rehabilitación bendice al Ministro de Guerra de la continuidad. Han pasado seis años desde la muerte del dictador, pero predominan sus fórmulas para la unción del delfinado. Debe reinar un individuo de la parroquia rural y de la casta militar.

    El joven Medina ingresa en la Escuela Militar cuando Gómez promueve la reforma castrense con el objeto de construir una vigorosa extremidad. Ya es subteniente en 1914, período en el cual la Rehabilitación se aleja de la institucionalidad quitándole el mascarón al autoritarismo. Cumple con lealtad las obligaciones y es coronel en 1935, cuatro meses antes de que fallezca el presidente. Había mandado pelotones y compañías, había ejercido la jefatura de Servicios en la Dirección de Guerra, había redactado reglamentos del Ejército y la Marina, estuvo de ayudante en la jefatura del Estado Mayor General y de titular interino en la Dirección de Guerra. ¿Puede encontrarse mayor familiaridad con un establecimiento al cual ahora, en 1941, nadie quiere reconocer como antecedente? Los servicios a tal establecimiento y la relación personal que establece en adelante con el heredero, lo conducen a ejercer el Ministerio de Guerra y la posición principal. El Congreso lo vota como presidente de la República para el período 1941-1946.

Pero tiene un rival. Los jóvenes que animan un partido de oposición y contados intelectuales que prefieren una apertura cabal proponen la candidatura de Rómulo Gallegos, quien apenas suena en el congreso cuando los diputados levantan la mano por el predilecto del estatus. No tiene opción ante la abrumadora fidelidad de los congresistas, pero se presenta para que comience a sonar desde los cenáculos más encumbrados la alternativa de la procedencia intelectual y de la pureza cívica que él representa y que ahora se asoma como una vanguardia en espera, como una luz que apenas despeja la obscuridad o choca con la mediocridad en forma intermitente. Gallegos es un modesto profesor de liceo que ha acogido con su enseñanza a los estudiantes de 1928, pero también es un novelista de renombre que ha destacado por sus letras contra la realidad que ha predominado desde el siglo xix. La bandera que ahora solo se puede izar a media asta, encarnada en un autor de extraordinaria calidad y en un ciudadano sin sombras, pretende insuflar una primera muestra pública de vitalidad a una atmósfera todavía pesada.

30. El gobierno de los notables

Sin embargo, ya en la madurez de su peripecia el presidente Medina no se juzga como hechura total del pasado, sino como arquitecto de una mayor modernización. Los contactos con la sociedad caraqueña y con círculos letrados, las informaciones que posee sobre el extranjero, las vivencias del lopecismo, cuyos episodios lo han puesto en relación con ópticas diversas sobre Venezuela y le han demostrado las posibilidades de una mudanza, le motivan, si no a divorciarse, por lo menos a tomar distancia frente a sus parteros. Isaías Medina Angarita no quiere que lo distingan como vástago del gomecismo sin Gómez. Prefiere convertirse en protagonista de un parricidio que no ejecutará de un solo golpe. El itinerario del cortejo fúnebre que pretende encabezar no debe llegar al cementerio a través del camino inmediato. Es mejor una respetuosa marcha sin prisas. Todo el país integrará la marcha, desde luego, pero apenas el consejo de un reducido grupo de individuos determinará la velocidad y la manera de sortear las estaciones. Habrá pocos sepultureros y, en consecuencia, también unos pocos constructores del porvenir.

En efecto, el gobierno de Medina Angarita es el diseño y la ejecución de un proyecto por un elenco de notables. Para el nuevo mandatario, lo que debe ocurrir en el país es asunto de un círculo de intelectuales, altos burócratas, profesionales calificados y hombres de confianza. Como todavía las masas no son competentes para orquestar su destino, las personalidades de mayor pericia se encargarán de guiarlas durante cierto tiempo. La pulcritud y la moderación de la dirigencia permitirán que después el pueblo camine sin muleta, pero antes hace falta una pedagógica administración respaldada por las charreteras del general que ha escogido como interlocutores a los civiles más eminentes. Ellos darán paso franco a los partidos, atenderán el petróleo y la educación, acabarán con la barbarie y buscarán nuevas amistades en el extranjero. ¿Logran su objetivo de tutores? Durante el mandato de Medina Angarita se ventilan con libertad los negocios del Estado a través del juego partidista, se hace más eficiente, accesible y decente la administración; con mayor seriedad se observan los problemas sociales y económicos. Pero predomina una postura paternalista que confina las decisiones a las cuatro paredes de un cenáculo cuyos miembros no se atreven a permitir la cabal participación del pueblo en la política, ni elaboran una ideología coherente sobre la sociedad civil. Por lo tanto, no resulta difícil desplazarlos.

Cerca del presidente, en funciones de gobierno y de asesoría, están brillantes venezolanos de buena voluntad: Mario Briceño Iragorry, Caracciolo Parra Pérez, Diógenes Escalante, Arturo Uslar Pietri, José Nucete Sardi, Pastor Oropeza, Ramón Díaz Sánchez, Miguel Pérez Carreño, Alberto Adriani, Eduardo Michelena, Rafael Pizani, Rafael Vegas, Guillermo Plaza y Héctor Guillermo Villalobos, por ejemplo. Cada uno desarrolla a título individual una reflexión cuya meta es la modernización y la búsqueda paulatina de la democracia, pero no logran hacer colectivo lo que piensan separadamente. En general se quedan discurriendo en solitario, sin elaborar un sistema de pensamiento susceptible de distinguir y enrumbar el régimen, que recibe multitud de influjos personales en lugar de un solo trazado proveniente del sentir común de la cúpula. Además, en general cada uno quiere cambiar las cosas, pero en el fondo le teme a las repercusiones del cambio. De allí la timidez final a la hora de las definiciones políticas que los conducirá al despeñadero.

31. Libertad para los partidos

¿CÓMO ENTERRAR AL GOMECISMO sin que se desarrolle un torbellino popular? A través de la permisividad para la fundación de banderías «responsables», es decir, organizaciones capaces de encauzar a las masas. La creación de nuevos liderazgos que no contraríen el espíritu de las instituciones ni le declaren la guerra al establecimiento es el objetivo del gobierno. Los nuevos liderazgos, resumidos en partidos con patente oficial, substituyen el autoritarismo y evitan un movimiento desbordado de la sociedad, mientras se amplían las reglas del juego. Al calor de tal estrategia, adquiere dinamismo y fluidez la discusión de los voceros emergentes que, poco a poco, se entrenan en el control de la colectividad.

Corresponde a Acción Democrática, partido que obtiene la legalización en mayo de 1941, iniciar el pugilato. Pasa sin inconvenientes el examen del bloque superior e inicia una campaña nacional de propaganda que le dará arraigo en breve. Su adoctrinamiento, lanzado a los cuatro vientos, insiste en la necesidad de atender las solicitudes de los pobres a través de una justa distribución de la renta que no origine convulsiones; en la necesidad de ocuparse de los rubros de producción subestimados como consecuencia de la explotación petrolera; y en promover una mayor participación colectiva en los negocios públicos. Es reiterada y atractiva su prédica sobre la elección universal, directa y secreta del poder ejecutivo y de los cuerpos deliberantes. Asimismo, resulta efectiva su tarea de creación de organismos y células partidistas en todos los núcleos poblados. En apenas un año de publicidad, el equipo que encabeza Rómulo Betancourt se transforma en una red que influye en las ciudades, las aldeas y los caseríos; y posee un contingente de portavoces regionales y locales que repiten el mensaje fraguado en la capital. En Caracas se redacta *El País*, periódico oficial del partido que ataca al régimen y propone desenlaces llamativos. En la provincia se distribuyen sus fascículos o se imprimen órganos parroquiales que lo tienen de modelo. Son los adelantados de un itinerario de giras nacionales que realizan Betancourt y sus seguidores más famosos, como Andrés Eloy Blanco, Rómulo Gallegos, Valmore Rodríguez, Luis Beltrán Prieto, Gonzalo Barrios y Raúl Leoni. Gracias a la oferta de un cambio alejado de la revolución, gracias al manejo de un vocabulario asequible, gracias a la presencia física del organismo y sus cabecillas, AD se hace de una caudalosa clientela popular.

Los comunistas actúan al principio con el mote de Unión Municipal, por cuanto está vigente el inciso sexto cuando solicitan legalización. Sin embargo, gozan de una libertad semejante a la de los adecos —ya se les empieza a llamar así, despectivamente— para realizar sus actividades. A la creación de Unión Municipal prosiguen otras tiendas de carácter local y de filiación marxista, denominadas Liga de Unificación Zuliana, en Maracaibo, y Unión Popular en once entidades federales. Todas proponen un designio revolucionario y de lucha clasista en sentido genérico, e inician la divulgación de los autores clásicos, de documentos de organismos internacionales y de noticias sobre la Unión Soviética, pero no promueven una pelea contra el gobierno. A diferencia de AD, que no desperdicia oportunidad para censurar a Medina, los «rojos» prefieren hacer proselitismo en los sindicatos y sugerir un entendimiento con las autoridades, argumentando la necesidad de una alianza cuando el mundo está en trance de guerra por el ascenso del fascismo en Europa y América Latina. El puñado de activistas que funda la Unión Municipal y las agrupaciones locales logra con sus tácticas llamar la atención del país, hasta el punto de llegar a contar con unos diez mil adherentes. Cuando se elimina el inciso sexto, las «uniones» y «ligas» se convierten en Partido Comunista de Venezuela, resuelven acompañar al gobierno en las elecciones municipales y oponerse al crecimiento de AD y al conservadurismo que los acosa. «Con Medina contra la reacción» es el lema de los flamantes camaradas. Su discurso de orientación «Browderista» circula a través de *Aquí está*, impreso oficial del partido, así como, de manera oficiosa, a través de *Últimas Noticias* y *El Nacional*. El ensayo de modernización de Medina y sus notables encuentra no pocos soportes en ese comunismo de los primeros tiempos.

Es también período de crecimiento para la conservadora UNE que se había segregado de los estudiantes extremistas. En abril de 1942 se convierte en Acción Nacional, a fin de luchar contra la escalada bolchevique y contra la posición «populachera» de los adecos. Los jóvenes que dirige Rafael Caldera hablan de procurar «soluciones venezolanas», es decir, de desarrollar una propuesta que, atendiendo a los valores de la tradición criolla, impida la penetración de ideologías «exóticas» y el incremento de la demagogia. Luego de una campaña que sale de las oficinas a la calle y a las áreas rurales, buscando el apoyo del campesinado, Acción Nacional decide fabricar un parapeto capaz de obtener dividendos considerables en el mercado de los sufragios. Entonces se convierte en Comité de Organización Política Electoral Independiente (COPEI), que comienza a divulgar la doctrina social del catolicismo como fundamento de la equidad y de la renovación nacional. Rafael Caldera, Pedro José Lara Peña, Lorenzo Fernández, Víctor Jiménez Landínez, Carlos Rodríguez Uzcátegui, Eduardo López de Ceballos, Miguel Ángel Landáez y José Antonio Pérez Díaz, entre otros, dirigen la cruzada.

En la medida en que se organizan los opositores y los aliados de ocasión, el gobierno se anima a hacer lo que no había resuelto el lopecismo: un partido político como el de sus adversarios. Solo que en principio no lo distingue un pensamiento definido, ni un plan capaz de ejecutarse a largo plazo. Sin ideología susceptible de darle cohesión, en mayo de 1943 se juntan en bandería los Partidarios de la Política del Gobierno (PPG). Los notables los dirigen desde arriba con el objeto de sumarle muletas al presidente, faena a la que en breve se adhieren las cabezas de la burocracia de las regiones. Son como una especie de red de funcionarios aglutinados alrededor del general Isaías, para hacerle salir a flote en su gestión. Sin embargo, seguramente los más perspicaces observan en breve la estrechez del asunto, en relación con los planes de la oposición, y buscan hacerse menos dependientes de una persona y de un lapso administrativo. Aunque conservan al presidente como su eje, cambian de nombre y de programa: son el Partido Democrático Venezolano (PDV), cuya misión es el arraigo progresivo del modelo burgués de gobierno. No manejan, por cierto, un pensamiento homogéneo. En el seno de la tienda oficialista están los personajes cuyas ideas se orientan hacia la profundización paulatina de un ensayo moderno de régimen civil a través de un conjunto de pasos de mediato cumplimiento. Gentes como Alejandro García Maldonado, Briceño Iragorry y Uslar Pietri. Mas habitan la misma casa muchos individuos pertenecientes a clientelas locales y regionales y simples empleados públicos sin mayores criterios en la cabeza, para quienes el PDV es apenas una fortaleza que les permitirá la permanencia en el mando y para evitar que accedan los extremistas. Aparte de la persona de Medina Angarita, entre todos no descuella un corifeo capaz de llegarle directamente al pueblo. El PDV sin carisma y con dos alas, la «luminosa» y la «negra», según expresiones de entonces, no es lo suficientemente uniforme ni lo suficientemente decidido para implantarse como los adecos, como los comunistas y los copeyanos. Ni siquiera puede impedir el vuelo de la nominación de López Contreras, quien pretende retornar al mando después de mover las aguas del parlamento sin encontrarlas demasiado encrespadas. No está de acuerdo con un regreso inoportuno, con el hecho de que se le vean demasiadas costuras al remiendo posgomecista, pero el tutor no puede ser detenido por un sucesor que apenas se atreve a evitar su compañía sin denunciar la posibilidad de un continuismo grosero.

32. Juego nuevo

La implantación en marcha se facilita por la reforma de la Constitución Nacional en 1943. Entonces se suprime el inciso sexto que prohibía las actividades comunistas, se permite el voto directo para diputados al Congreso, se establece el voto femenino en las elecciones municipales y la representación de las minorías en los cuerpos deliberantes. Con la reforma, el gobierno ratifica la permisividad desarrollada desde su génesis en relación con los partidos «responsables». Al amparo de la apertura oficial ocurren sucesos inéditos para los venezolanos del siglo xx.

En 1941 hay elecciones municipales en siete estados. La mitad de las cámaras del Congreso se renueva en 1943, año en el cual ocurren nuevos sufragios municipales en otras entidades. En 1944, Caracas elige sus ediles. ¿Qué implican estos eventos? El contacto de las masas con un abanico de mensajes sobre la sociedad civil y sobre la distribución de la riqueza. La reiteración de actos de masas –mítines, desfiles, caravanas de automóviles y carrozas– que involucran directamente al colectivo con los nuevos líderes y le permiten la alternativa de una elección afectiva. El influjo de un civismo capaz de ir más allá de las personas de los caudillos y de los intereses tradicionales, suplantados en el debate por las fórmulas partidistas. La posibilidad de criticarse a la recíproca los líderes a través de la radio o la prensa, en presencia de las interesadas multitudes. El ver la gente cómo se ataca al gobierno, sin que las molestias del altísimo lleguen al terreno de la represión.

En suma, el desarrollo de una cadena de movimientos ni siquiera abocetados en los últimos setenta años. Entre 1941 y 1945, pues, echan raíces los usos de la democracia que habrá de imponerse en lo posterior.

El clima es propicio para que la figura del presidente, secularmente inaccesible y temida, se comience a sentir de otra manera. Al principio de su mandato, Medina Angarita visita Maracaibo, preside un acto masivo en la Plaza Baralt y concentraciones de obreros en Mene Grande y Lagunillas. Carora, Valera y Mérida son las estaciones más destacadas de su gira por el occidente, donde habla al pueblo desde una tribuna. En enero de 1943, 50 000 personas lo saludan y escuchan en la plaza caraqueña de los museos. Cuando retorna de una gira internacional, de nuevo una muchedumbre lo espera para acoger su mensaje. ¿Había ocurrido tal contacto en tiempos de Guzmán, de Crespo, de Andrade, de Castro, de Gómez y de López? Reinaron lejanos, sin el cariño de la masa. Ahora el mandatario quiere presentarse como un padre afectuoso que, de vez en cuando, sale de palacio para sentir sin intermediarios a los venezolanos, quienes, si no lo llegan a amar del todo, por lo menos le demuestran simpatía. Estamos ante otro factor de cambio en el proceso de la transición.

El paternalismo del mandatario se aprecia a cabalidad en el tratamiento de los asuntos sindicales, cuya solución busca en el establecimiento de reglamentaciones y en la concesión de ventajas con el objeto de atemperar las solicitudes del obrero. Mientras AD y los comunistas luchan por controlar a la masa trabajadora, Medina se presenta como promotor de reformas destinadas a convertir al Estado, y no a los partidos, en protector de los explotados dentro de un gran concierto que coordina los intereses en pugna. En consecuencia, empieza a conceder estatutos y a establecer dependencias cuya meta es la superación de las condiciones materiales de los explotados, sin lesionar excesivamente a los patronos. Destacan en este sentido: la Ley de Seguro Social Obligatorio, el

Instituto Central de Seguros Sociales, Cajas Regionales de apoyo económico en algunas entidades, Institutos de Cultura Popular y la Ley de Sociedades Cooperativas. La reforma parcial de la Ley del Trabajo, que transforma al oficialismo en árbitro entre el patrón y los obreros; el Reglamento de Trabajo Rural y la restricción del trabajo nocturno, se inscriben en la misma orientación.

Aunque se disgustan por tanta intromisión en sus negociaciones, los empresarios no reaccionan enfáticamente. Lo mismo va a ocurrir con los terratenientes cuando el Ejecutivo adelanta la Reforma Agraria. Expresan malestar ante la interferencia relativa en las propiedades y ante la cantidad que mengua en las utilidades por la creación de partidas de protección social, pero prefieren las ponderadas normativas a los excesos del comunismo. De cómo el régimen no va a desbordarse en su papel, ni en su concepción del problema social, obtienen un testimonio irrefutable en marzo de 1944. El ejecutivo disuelve entonces la Convención Nacional de Trabajadores, controlada por el sindicalismo bolchevique y temida por AD. Aun cuando la prestigia como invitado especial Vicente Lombardo Toledano, líder mexicano de fama continental, el ministerio prohíbe la celebración del acto. Los comunistas pueden actuar en el interior de los campos petroleros, especialmente si apoyan al gobierno «contra la reacción» y lo acompañan en las elecciones municipales, pero les está vedado organizar una asamblea de tanto vuelo.

En el terreno de las relaciones internacionales y en el tratamiento de la industria extractiva se observan, por último, los elementos del plan modernizador que orquesta el gobierno. Acompañado de políticos e intelectuales, en 1943 el presidente viaja a los países bolivarianos. Se trata de un periplo de acercamiento a los semejantes, insólito desde los días de la emancipación. Se trata de un designio integracionista cuya meta es incrementar planes de desarrollo en conjunto. Apenas se juegan las cartas elementales del intercambio, pero ya las metrópolis se muestran preocupadas ante la probable reedición de la Gran Colombia. También en 1943 se sanciona una nueva Ley de Hidrocarburos que aumenta la participación del Estado en la riqueza petrolera mediante el incremento de la carga impositiva a las compañías concesionarias. Asimismo, posibilita mayores controles sobre la explotación y comercialización del producto a través de la unificación de contratos, a través de nuevas cláusulas y gracias a la imposición de requisitos sobre refinación de petróleo en el territorio nacional. De acuerdo con el parecer de los especialistas que examinan el asunto en nuestros días, la Ley de Hidrocarburos es el avance más significativo en la administración del negocio petrolero desde sus inicios, pensada con tino en función del desarrollo de la sociedad.

33. El pecado original

Como se observa, durante el gobierno de Medina Angarita ocurren numerosas innovaciones, actitudes oficiales capaces de introducir al país en un escenario diferente al gomecismo, posiciones de avanzada ante Latinoamérica y en los tratos con los consorcios petroleros. Sin embargo, en un aspecto tan importante para la implantación de la democracia sobre cuyos propósitos se viene hablando desde el siglo xix, como es la manera de elegir el poder ejecutivo, a fin de cuentas no se rompe el cordón umbilical con la tradición. AD pregona desde 1941 las virtudes del sufragio universal, directo y secreto, pero ni siquiera los corifeos más «luminosos» del PDV simpatizan con ese discurso que ha logrado calar en el ánimo del pueblo. Los notables pretenden limitar la selección del delfín al interior de su capilla, buscando exclusivamente entre los personajes de la alta burocracia el nombre del continuador del medinismo. Subestiman, pues, una propuesta bien vista por las mayorías, sin darse cuenta de que la estrecha determinación desanda el camino de la apertura.

Subestiman también el parecer de las nuevas generaciones castrenses, cuyos representantes de mayor rango no han ocupado posiciones de responsabilidad, no han disfrutado ventajas salariales ni visto mayores progresos de carácter técnico y propiamente profesional en su ámbito. Han permanecido en la medianía del segundo plano. Los oficiales más jóvenes, por lo tanto, observan en el medinismo la permanencia del ejército gomecista, dependiente de las relaciones amicales y tribales. En consecuencia, se consideran excluidos del comando. Juzgan que el gobierno, en lugar de procurarles atención, mira con detenimiento las solicitaciones de López Contreras y de sus tradicionales ordenanzas, es decir, prefiere ocuparse del gomecismo sin Gómez todavía existente. Entonces resuelven encontrar en el partido más fuerte de oposición la alternativa de controlar la situación para su beneficio. Ya han fundado una Unión Patriótica Militar que ha ponderado los beneficios de un alzamiento capaz de llegar a buen puerto, dada la confianza excesiva de los notables en sus virtudes y en la paciencia de sus gobernados.

El PDV, en suma, insiste en impedir la nominación de López Contreras para el próximo lapso administrativo, en mirar de prisa las noticias sobre un alzamiento y en localizar en su círculo al futuro mandatario. Mientras desecha la posibilidad de reformar la Constitución en al articulado referido a sufragio, propone a su embajador en los Estados Unidos, Diógenes Escalante, como abanderado.

34. La candidatura loca

La candidatura de Escalante ofrece una posibilidad de comprensión sobre cómo las cosas no están claras en materia de reformas en el seno de la oposición, especialmente entre los adecos, quienes la aceptan sin dar demasiadas vueltas alrededor de los intereses que puede representar. Como el candidato se compromete con ellos a cambiar las reglas del juego electoral posteriormente, cuando llegue a Miraflores con una bendición generalizada, subestiman el punto esencial de su procedencia gomecista, es decir, de las influencias y las rémoras que más favorecen al establecimiento que a unos planes consistentes de cambio. Se suman a su campaña, por lo tanto, como si cual cosa. Diógenes Escalante fue leal servidor de don Juan Vicente en la burocracia de mayor confianza, en el parlamento y en la dirección de *El Nuevo Diario*, periódico primordial de la tiranía. Décadas de alejamiento debido al ejercicio de funciones diplomáticas impiden que se le vincule con las atrocidades del pasado reciente, con las muertes y los tormentos por motivos políticos; pero, a la vez, esa larga y remota convivencia en el extranjero lo convierte en un personaje sin contactos con la realidad que debe administrar desde la primera magistratura cuando se esperan mudanzas de entidad. Es lo más parecido a un musiú de buen ver, especialmente si se le observa de lejos, a quien se puede acudir para evitar confrontaciones que todos temen, pero solo eso. Cuando el nominado pierde la chaveta se olvidan de las alternativas de conciliación, así como en el futuro olvidamos la inhabilidad de sus animadores en una coyuntura de trascendencia.

La inesperada enfermedad mental del elegido hace que el gobierno mire a Angel Biaggini, calificado funcionario y campeón de la reforma agraria desde el despacho de Agricultura. De buen papel en el gabinete y de plena lealtad a Medina y al partido, Biaggini es, no obstante, poco conocido. La gente lo ve como un funcionario más en el elenco superior. Sin embargo, el oficialismo insiste en su postulación. Tal actitud de cerrazón hace que el proceso de transición retorne a sus censurados principios, es decir, a maneras de legitimar la autoridad propias del gomecismo; y nos obliga a reiterar la afirmación relativa a sus prevenciones en torno a la participación popular en el gobierno civil. A la postre, los militares descontentos y los cabecillas de AD que no han logrado imponer nuevas fórmulas electorales se juntan para provocar un exitoso golpe de Estado. El 18 de octubre de 1945 cae el gobierno y se instala la Junta Revolucionaria bajo la presidencia de Rómulo Betancourt. Se da un paso de mayor profundidad en el enterramiento de la tradición autoritaria y culmina el asunto de este ensayo.

35. Dos temas del futuro

Los límites cronológicos del texto excluyen el tratamiento de los sucesos posteriores a 1945 como se hizo con los anteriores desde el 1900, bien o mal, pero no impiden una reflexión sobre el porvenir inmediato. La reflexión puede ayudar a quienes se interesen por el entendimiento de sus vicisitudes. Parte de considerar como innovadoras a las dos fuerzas que se juntan para la liquidación del régimen que proviene del gomecismo, pero también de pensar en los confines de la innovación que se proponen. Es probable que en tales empeños y en tales limitaciones se encuentren claves para descifrar rasgos que se darán mucho después, o que permanecerán en las entrañas del hecho colectivo que se inicia.

Los militares de 1945 se levantan contra el militarismo caduco que se ha mantenido desde la muerte de Gómez. Se presentan como una nueva generación que no se conforma con la anquilosada organización de las fuerzas armadas, ni con el predominio de unos comandos que deberían estar en el cementerio. Son otro fenómeno, desde el punto de vista profesional y técnico. Un fragmento relevante de la historia que está por comenzar se resume en ellos, pero también la carga de pasado que encarnan. Las novedades en el ámbito de lo propiamente castrense no congenian necesariamente con las reformas en la política y en las relaciones sociales. Son tan peculiares por el hecho de su nacimiento en los cuarteles –los cuarteles viejos no son distintos a los del presente revolucionario– que pueden chocar con ellas, o impedirlas en nombre de una orientación hacia la autoridad que ha probado de sobra su vocación de mando y su predilección por las cúpulas. De allí que al final tengan un dominio hegemónico del gobierno, después de luchar con el recuerdo de un matrimonio de conveniencia.

Sobre el interés por las novedades que entonces exhiben los adecos no se puede dudar. Encuentra origen en los anhelos de la juventud universitaria que se forma en el extranjero después de 1928, o en las banderías que se fundan para luchar contra el gomecismo y contra sus ramificaciones. Lo han evidenciado en numerosos escenarios y los ha llevado al extremo de hacer causa común con una nueva generación de oficiales, sin sentir que firman un pacto con el diablo. Pero también han llegado a otro extremo, susceptible de determinar en adelante muchos negocios relacionados con la implantación de la democracia: se proclaman como «el partido del pueblo» y se esmeran en concretar su fidelidad a la proclama. En esa voluntad de convertirse en traductores de la multitud, sin admitir rivales; en ese deseo de establecer el nexo principal entre lo que la sociedad anhela y lo que una organización política dispone, sin considerar de manera adecuada o respetuosa la existencia y la legitimidad de organizaciones parecidas; en esa búsqueda de una dirección exclusiva y excluyente cuya desembocadura debe ser el monopolio de la administración y la explicación de la sociedad, se pueden descubrir muchos escollos y tropiezos generalmente inadvertidos, mucha gente que no ha nacido también metida en cintura.

Epílogo con pregunta

Si el análisis parte de considerar a la Venezuela del siglo XIX como una nación desintegrada, debe concluir señalando la modificación substancial del fenómeno en el período subsiguiente. En 1899 Venezuela no es un todo compacto. Sus partes evolucionan separadamente, así en sentido político como en las relaciones de naturaleza económica. Sus líderes carecen de poder para congregar a las regiones alrededor de un ensayo de régimen civil y en torno a un sistema común de nexos materiales. Están avasallados sus habitantes por señoríos locales, sin posibilidad de desahogo. No existe un pensamiento capaz de darle sustento a la unificación. En 1945, sin embargo, Venezuela se hace más uniforme, cohesionada, reunida en sus ingredientes medulares. Ya es un país que responde a los tirones de un centro único y ofrece un mapa sin tanto vericueto en la parcela de la producción y la riqueza. Menos de cinco décadas bastan para que la comarca se amanse y se asemeje a la que conocemos hoy. ¿Qué ha pasado? La sociedad ve cambiar el desacoplamiento decimonónico por el constreñimiento extremo. La gente que vivía dentro de multitud de celdas habita ahora un solo calabozo.

La construcción de las primeras rejas es, en esencia, un asunto de carácter militar. Valiéndose de sus cualidades de conductor de tropas y aprovechando el agotamiento del caudillaje, Cipriano Castro desbarata las montoneras para afincar su privanza en los laureles procedentes de la guerra. Debió ser muy recio su mandoble en cuanto la calma permite que los próximos gobiernos se sucedan en paz, ante la mirada pasiva de las masas y la impotencia de las vanguardias. Al abandonar el campo de batalla, el «Invicto» establece compromisos con factores de poder provenientes del pasado –los políticos del liberalismo amarillo y ciertos generales obedientes– que también le aportan estabilidad. En el proceso no median ideas nuevas, aunque genere actitudes atrevidas frente a elementos externos. La Restauración se entroniza a la usanza del siglo xix, sin proyectos que la distingan de la tradición decadente, pero logra sujetar a la sociedad antes de desembocar en la corruptela. Las características del nuevo gobernante y su control del conglomerado montañés que le es fiel determinan el dominio por la ruta de la coerción. Durante ocho años impera el autoritarismo, período que constituye el lapso más prolongado de mando desde la dictadura de Crespo. Poco cambia la economía, el escenario no presenta mudanzas de entidad, pero una sola mano se impone por la fuerza. Es, acaso, la única señal susceptible de anunciar un proceso diverso.

El castrismo es preámbulo del gomecismo, porque significa ir acostumbrado a los hombres a un solo yugo. Gracias a la previa existencia de una supremacía predominante, la Rehabilitación encuentra contados escollos para establecerse. Su asociación temprana con intereses estadounidenses y la inmediata fundación del ejército son las piezas capitales del período de arraigo al cual prosigue el ejercicio del terror como instrumento de dominación, una complicidad descomunal para los negocios fraudulentos y la posesión de recursos astronómicos para apuntalar el trono, como corolario de la explotación petrolera. Entonces se imponen la tiranía desbordada, las torturas y la muerte con la complicidad o el silencio de conspicuos personajes, mas también con la tolerancia general de la sociedad. Por lo tanto, Juan Vicente Gómez termina de hilar la camisa de fuerza y la impone a sangre y fuego, sin que nadie realice algo efectivo para evitarlo. Ciertamente se gestan durante su mandato los procedimientos propios de un Estado moderno, con burócratas eficaces y activos, pero sobre la red de la nueva organización impera la barbarie resumida en los intereses del dictador. Efectivamente cambia la colectividad durante veintisiete años de gomecismo, debido a la penetración del capitalismo contemporáneo, pero la mudanza no corre pareja en todos los medios ni se relaciona con la justicia social. Al lado de innovaciones trascendentales, permanecen los testimonios de la centuria anterior. En resumen, el país funciona como un solo bloque, jamás había ocurrido así, pero no se trata de una empresa colectiva, sino de una marcha de galeotes.

Con el acceso de López Contreras, hijo del proceso antecedente, Venezuela todavía realiza en galeras la navegación. El cómitre se deshace del látigo y espacia el ritmo del tambor, pero no eleva las velas para que las anime el viento. Una tempestad puede arrasar con todo lo que él representa. Gómez le puso el óleo de la legitimidad en un ritual que lo obliga a custodiar muchos viejos tesoros. Además, es el primer representante del ejército que llega a Miradores. Por lo tanto, no puede abjurar del «orden» y el «progreso». Solo logra establecer una prudente distancia desde la cual llena de cánones y formalidades el camino de los partidos emergentes, aunque la tal distancia también permite el advenimiento de una administración más elástica.

Esa administración no será la de un tirano, ni la de un acartonado oficial de las Fuerzas Armadas, sino la gestión de un conjunto de personajes que se abrogan el papel de padres conscriptos, cuya encomienda es aparejar a la nación para un destino halagüeño. Con Medina y los notables se izan las velas y dejan los galeotes de remar, pero solo unos pocos manejan el timón y sugieren el itinerario. Cuando otros intereses y otras necesidades pretenden mayor participación en el gobierno, el elenco selecto trata de impedirlo. Tal actitud, que implica en el fondo un regreso a los orígenes, es decir, al gomecismo propiamente dicho, provoca la ruptura del proceso. Los nuevos políticos y los nuevos militares dan un golpe de Estado después de treinta años sin mayores sobresaltos. ¿Sigue entonces Venezuela metida en cintura?

Bibliografía básica

ACEDO DE SUCRE, María de Lourdes y Carmen Margarita NONES. *La generación venezolana de 1928*, Caracas, Edit. Ariel, 1967.

ALEXANDER, Robert. *El partido comunista de Venezuela*, México, Edit. Diana, 1971.

ARCAYA, Pedro Manuel. *Estudios de sociología venezolana*. Caracas, Edit. Cecilio Acosta, 1941.

BETANCOURT, *Rómulo. Venezuela, política y petróleo*. Bogotá, Edit. Tercer Mundo, 1969.

BRITO FIGUEROA, Federico. *Venezuela Siglo xx*. La Habana, Casa de las Américas, 1967.

BUSTAMANTE, Nora. *Isaías Medina Angarita, aspectos históricos de su gobierno*. Caracas, Universidad Santa María, 1985.

CABALLERO, Manuel. *Gómez el tirano liberal*. Caracas, Monte Ávila Editores, 1994.

CASTRO, Cipriano. *Castro Epistolario presidencial*. Recopilación y prólogo de Elías Pino Iturrieta, Caracas, Universidad Central de Venezuela, 1976.

FUENMAYOR, Juan Bautista. *Historia de la Venezuela política contemporánea, 1899-1969.* Caracas, Imprenta de Miguel Angel García, 1976.

GALLEGOS ORTIZ, Rafael. *La historia política de Venezuela. De Castro a Pérez Jiménez.* Mérida, Talleres Gráficos Universitarios, 1980.

LÓPEZ CONTRERAS, Eleazar. *Páginas para la historia militar de Venezuela.* Caracas, Tipografía América, 1944.

MILIANI, Domingo. *Vida intelectual de Venezuela.* Caracas, Universidad Católica Andrés Bello, 1971.

MORANTES, Pedro María (Pío Gil). *El Cabito.* Caracas, Biblioteca de temas y autores tachirenses, 1963.

NÚÑEZ, Enrique Bernardo. *El hombre de la levita gris. Los años de la restauración liberal.* Caracas, Edime, 1953.

PADRÓN, Paciano. COPEI, *documentos fundamentales.* Caracas, Ávila Arte, 1981.

PICÓN SALAS, Mariano. *Los días de Cipriano Castro.* Caracas, Biblioteca Básica de Cultura Venezolana, 1960.

PLA, Alberto; Pedro CASTRO y otros. *Clase obrera, partidos y sindicatos en Venezuela.* Caracas, Ediciones Centauro, 1982.

PINO ITURRIETA, Elías. *Positivismo y gomecismo.* Caracas, Universidad Central de Venezuela, 1978.

Los hombres del Benemérito, Epistolario inédito. Prólogo de Elías Pino Iturrieta. Caracas, 1968.

POCATERRA, *José Rafael. Memorias de un venezolano de la decadencia.* Caracas, Edit. Élite, 1937.

QUINTERO, Inés. *El ocaso de una estirpe*. Caracas, Alfadil Editores, 1986.

RANGEL, Domingo Alberto. *Los andinos en el poder. Balance de una hegemonía*. Mérida, Talleres Gráficos Universitarios, 1964.

RODRÍGUEZ CAMPOS, Manuel. *Venezuela 1902; la crisis fiscal y el bloqueo de Venezuela*. Caracas. Universidad Central de Venezuela, 1977.

RODRÍGUEZ, Manuel Alfredo. *Tres décadas caraqueñas*. Caracas, Monte Ávila Editores, 1976.

ROURKE, Tomás. *Gómez, tirano de los Andes*. Buenos Aires, Edit. Claridad, 1952.

SOSA, Arturo. *La filosofía política del gomecismo*. Barquisimeto, Centro Gumilla, 1974.

SUÁREZ FIGUEROA, Naudy. *Programas políticos venezolanos de la primera mitad de siglo XX*. Caracas, Universidad Católica Andrés Bello, 1979.

TARRE MURZI, Alfredo (Sanín). *López Contreras. De la tiranía a la libertad*. Caracas. Edic. del Ateno de Caracas, 1982.

THURBER, Orray. *Origen del capital norteamericano en Venezuela*. Barquisimeto. Edic. Nueva Segovia, 1955.

VALLENILLA LANZ, Laureno. *Cesarismo democrático*. Caracas, Edit. Garrido, 1961.

VELÁSQUEZ, Ramón J. *Confidencias imaginarias de Juan Vicente Gómez*. Caracas. Edit. Centauro, 1979.

VELÁSQUEZ, Ramón J.; Arístides CALVANI y otros. *Venezuela Moderna*. Caracas, Fundación Mendoza, 1976.

www.ingramcontent.com/pod-product-compliance
Lightning Source LLC
LaVergne TN
LVHW091306080426
835510LV00007B/384